KB019014

우리 둘이는

우리 둘이는

○ 박인희 마음의 글

뿌리를 심어준 나의 그대, 여러분께

| 2024년 8월 박인희 |

·· 머리말에 부쳐

우리 둘이는 서로 사랑하는 사이일 수도 있고, 오랜 우정을 나눈 친구, 엄마와 아들 혹은 하나님과 나의 관계일 수도 있습니다. 우리 둘이라는 말에서는 들꽃 향기가 나는 것 같습니다. 들판에서 자연스럽게 바람에 흔들리며 말없이 피어나는 꽃. 오래 서로 만나지 못해도 멀리서 혼자 마음에 지닌 향기를 전하며 우리 둘이 되는 꽃.

가수 박인희 선생님과 시인 이해인 수녀님의 만남이 그런 것이 아닐지 생각합니다. 중학교 입학식 교장 선생님 첫 훈화 때 양 갈래머리를 딴 두 소녀가 영혼이 닿은 것처럼 서로 눈이 마주쳤답니다. 같은 반이 되어 모른 척하며 눈길을 주고받다가 책상에 넣어놓은 태어나서 처음 받아본 편지로 《우리 둘이는》의 이야기가 시작됩니다. 수녀가 되겠다는 꿈을 가진 친구가 부산으로 전학을 하고 수녀가 되어서도 둘이

나눈 편지 이야기들. 박인희 선생님이 친구 이해인 수녀님을 그리워하며 쓴 시 〈우리 둘이는〉으로 이 책은 시작합니다.

이 책은 1987년에 출간되었던 책을 다시 만들었습니다. 오래전 출판사는 문을 닫았고 책도 사라져버렸습니다. 가수로서 방송인으로서 인기 절정일 때 미국으로 훌쩍 떠나버린 박인희 선생님. 정작 자신의 음반 한 장도 소유하고 있지 않았던 저자가 책을 가지고 있을 리 만무했습니다. 한국에 다시 돌아왔을 때 팬들과 독자분들이 책을 자꾸 찾고 희귀본으로 몇 권 남은 책이 시중에 비싼 가격으로 거래되고 있다는 이야기를 듣고 이래서는 안 되겠다 싶어 《우리 둘이는》 산문집과 첫 시집 《소망의 강가로》 두 번째 시집 《지구의 끝에 있더라도》를 다시 내야겠다고 생각하셨답니다.

박인희 선생님이 고국에 없어도 여전히 그의 노래를 그리워하며 오랫동안 모여 있는 팬카페 루고 김성복 카페지기를 통해 어렵게 책을 구했습니다. 타이핑을 치고 편집과 표지를 바꾸고 오래전 사라졌던 박인희 선생님의 유일한 저서 3권을 세상에 다시 내놓습니다. 그 당시 처음으로 입사했던 출판사에서 이 책들을 만들었던 편집자로서 오랜 세월이 지나 지금 제가 몸담은 출판사에서 새로운 표지와 편집으로 이 책을 만들 수 있어서 감개무량합니다.

70년대 초, '모닥불' '그리운 사람끼리' '방랑자' '끝이 없는 길' '하얀 조가비' '젊은 날의 우리들' '돌밥' 등 주옥같은 노래들을 만들어 청아한 목소리로 많은 사람을 위로했던 박인희 선생님. 그가 썼던 노래 시도 다시 만날 수 있습니다.

《우리 둘이는》은 모두 네 개의 장으로 구성되어있습니다. 저자가 썼던 스물네 편의 시와 지금까지 변함없는 우정을 나누고 있는 이해인 클라우디아 수녀님과 중학교 때부터 나눈 편지. 그리고 신앙 안에서 감람나무 잎사귀를 문 흰 비둘기가 나타나는 놀랍고도 신비로운 성령의 은사와 하나님의 은혜를 받아들였던 체험기, 어린 아들을 위해 써둔 영혼의 내면 일기입니다.

시간이 오래 흐르면 흐를수록 박인희 선생님의 노래는 잊히지 않고 더욱 살아나 요즘의 젊은이들에게 이어지고 있습니다. 그가 쓴 시와 글도 그렇습니다. 훌륭하여 그 가치가 영원토록 변하거나 없어지지 않는 그것은 불후입니다. 불멸입니다. 박인희 선생님과 이해인 수녀님의 《우리 둘이는》이 그렇듯이…

이 불후의 교류와 내면 일기들은 영원히 남아 많은 사람의 영혼과 영성에 풍성함을 안겨줄 것입니다. 새롭게 다시 활자로 찍혀 나온 이 책을 읽고 간직하시는 모든 분에게 축복이 깃들 것입니다.

2024년 8월 8일

권대웅(시인, 도서출판 마음의숲 편집이사)

머리말에 부쳐

| 차례 |

1.

가늘고 긴 기도

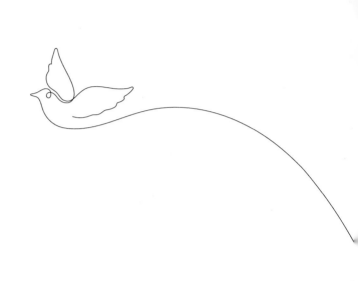

우리
둘이는

눈이 내려도
만날 수 없다
우리 둘이는
우리 둘이는

비가 내려도
만날 수 없다
우리 둘이는
우리 둘이는

그러나
눈 감으면 보이는 얼굴
가슴에 묻어 둔
그 한 사람

꽃이 피어도
만날 수 없다
우리 둘이는
우리 둘이는

낙엽이 져도

만날 수 없다

우리 둘이는

우리 둘이는

1985년 11월 25일

얼굴

우리 모두
잊혀진 얼굴들처럼
모르고 살아가는
남이 되기 싫은 까닭이다

기(旗)를 꽂고 산들 무엇하나
꽃이 내가 아니듯
내가 꽃이 될 수 없는
지금
물빛 몸매를 감은
한 마리 외로운 학으로 산들
무얼하나

사랑하기 이전부터
기다림으로 배워 버린
습성으로 인해
온 밤내 비가 내리고
이젠 내 얼굴에도
강물이 흐르는데…

가늘고 긴 기도

가슴에
돌단을 쌓고
손 흔들던 기억보다
간절한 것은

보고 싶다는
보고 싶다는
단 한 마디

먼지 나는
골목을 돌아서다가
언뜻 만나서
스쳐간 바람처럼
쉽게
헤어져 버린 얼굴이
아닌 다음에야…

신기루의 이야기도 아니고
하늘을
돌아 떨어진
별의 이야기도 아니고

우리 모두

잊혀진 얼굴들처럼

모르고 살아가는

남–

남이 되기 싫은 까닭이다

1965년 2월 6일

가늘고 긴 기도

친구를
위한 기도

주여
쓸데없이
남의 얘기 하지 않게 하여 주소서

친구의 아픔을
붕대로 싸매어 주지 못할망정
잘 모르면서도 아는 척
남에게까지
옮기지 않게 하여 주소서

어디론가
훌훌 떠나고 싶어하는 사람
주어진 일을 묵묵히 하면서도
속으론 철 철 철 피를 흘리는 사람
떠날 수도 머물 수도 없는 사람
차마 울 수도 없는 사람
모든 것을 잊고 싶어하는 사람
사람에겐
그 어느 누구에게도

가슴속 얘기

털어놓고 싶지 않은 사람

가엾은 사람

어디 하나 성한 데 없이

찢기운 상처에

저마다 두 팔 벌려

위로 받고 싶어하는

사람들 아닙니까

우리는

말에서 뿜어나오는

독으로

남을 찌르지 않게 하소서

움츠리고 기죽어

행여 남이 알까 두려워

떨고 있는

친구의 아픈 심장에

한 번 더

화살을 당기지 않게 하여 주소서

어린 아들을
위한 기도

주님

아들을 지켜 주옵소서

잠들 때나 깨어 일어날 때

차를 탈 때나 신호등 앞을 지날 때

공부할 때나 뛰어놀 때

친구들과 함께일 때나

홀로 있을 때

주님

버려두지 마시고

두 손으로 품어 주옵소서

어린 아들의

생각하는 것과

행동하는 것

모든 것 속에

항상 주님이 살아계셔

주님이 원하시는 대로만

자라게 하옵소서

버릴 것은 버리고
모을 것은 더 모아
한 점 티도 흠도 없는
아름다운 그릇으로
빚어 주옵소서

할 수만 있다면
주님
외로움 대신 기쁨으로
오만함 대신 겸손함으로
욕심 대신 사랑으로
우둔함 대신 지혜로움으로
자라게 하옵소서

주님의 참사랑을
깊이 깨닫고
그 사랑을
혼자만 지닐 것이 아니라
누구에게나
전할 수 있는
참으로
주님 마음에 꼭 드는
귀한 그릇이 되게 하소서

가늘고긴기도

사랑은

어려운 말
하지 말아요

사랑은
안으로, 안으로
골병 드는 것

뼈와 살
삭아지자
무너지자
홀로
오열하는 것

밤새워
제 그림자와
엉겨 피흘리는 것

있는 것 모두
제 혼마저

주어 버리고 싶은 것

빈 쭉정이로
허허 웃는 것

가늘고 긴 기도

새벽달

샘물에
영혼을
적시고 나면
네 얼굴처럼 될까

새벽녘
하늘 우러르면
너에게선
영혼을
튕겨 주는
하프
소리가 난다

모과

나에게
한 뼘
땅이 있다면
모과나무 한 그루를 심고 싶다

뿌리가 깊어지고
견고한
열매 하나
매달리면

유배(流配)된
바람 한 줄기처럼
고개 숙였다가

베옷 감고 누운 그대
서늘한 영혼에 스며드는
순한 향기이고 싶다

둘이서
차를

은발의
어머니와
둘이서
차(茶)를 마신다

한 모금 마시고
창밖을 바라보고

한 모금
마시고
두 사람은
아무 말이 없다

찻잔 속에 녹아 버린
얼굴 얼굴…

은발의
어머니와
둘이서

차를 마신다
추억을 마신다
고향을 마신다

가늘고 긴 기도

마음을
토하게 하소서
―목소리를 위한 기도

이제
알겠나이다 주여!
왜
저에게
목소리를 주셨는지

입 벌려 말하게 하고
세상에
소리를 전하게 하심을

이제야
그 깊은 뜻
큰 뜻을
알겠나이다

큰 소리보다 작은 소리로
높은 목소리보다 낮은 목소리로
말하게 하소서

목소리보다 가슴으로
마음을 토하게 하소서

머리로 입술로 귀로
생각하고 말하고 듣는 것만이 아니라
마음속 깊이
주님을 사모하며
살 수 있게 해 주옵소서

이 작은 목소리가
한 영혼의 기슭을
굽이쳐 흐를 수 있다면

상한 심령의
가장
깊숙한 곳을
어루만질 수 있게 하소서

가늘고 긴 기도

굴비

나를
말리세요

아가미에
소금을
듬뿍 넣고

자갈밭에 누워
뼈 마디 마디
휘도록
햇살을
껴안고

별빛과 이슬
해풍에 휘감긴
싱그런
비릿 내음도
함께 말리세요

머언 어느 날
기다림의 세월
다 지난 뒤

젖은 눈으로
바라보던
그대의 뒷모습
영 멀어질 때쯤

한 줄의
유언을 쓰기 전에
나의
마른 살과 뼈를
데려가세요

쓰렸던 내 허파는
다시 살아 숨쉴 거예요
그대의
수정(水晶) 가슴속에서

가늘고 긴 기도

얼음꽃

성에 낀
유리창
손가락으로
이름 하나를 쓴다

이름의 끝
한 자(字)만을 쓴다

풀잎 차
한 모금 마시는 동안
얼음꽃
그 이름은
나를 바라본다

그 이름
살아서 만난
그 이름

살아 있음으로

빛인
그 이름

성에 낀
유리창

한 모금
풀잎 차의 수증기로
이름 하나를 지운다

얼음꽃
그 이름은
나를 바라보며 운다

사라지며
눈물짓는
니은… ㄴ,

그 이름
마지막 획

눈물의 핵

가늘고 긴 기도

비가(悲歌)

마른 가지
사이로
남 몰래
달
하나를 바라본다

맴돌다
뒷걸음치는
연기 구름

달 아래
빈 뜰

함박눈에
젖은 얼굴

오누이인 듯
연인인 듯

동자(童子) 석상(石像)

나란히

착하게

웃고 있다

가늘고 긴 기도

바둑놀이

어린 아들과
바둑을 둔다
아차!
한 알로
어이없이 허물어지는
부끄러운 어른의 모습

우리의 삶도 이와 같거니
다 가진 줄 알아도
자랑할 일 아니다
스러지는 아픔을
더욱 껴안을 일이다

은총의
사다리

나의 주님께
징검다리 놓아 준 건
그대였네

위선의 껍데기
벗어 버리고

벌거벗은 영혼으로
울게 한 건
그대였네

기도의 종(鐘)
치받게 한 건
그대였네

그대

나와
주님을 이어준

가늘고 긴 기도

사다리

동아줄보다
더 질긴
은총의 사다리

눈(雪)

누군들
떠나가고
떠나 보내지 않은 사람
있으랴

젊은 날의
핏멍울
삭이고 삭인 뒤
바라보는
눈발

소리조차 지르지 못하고
떨어져
물이 되는

완전한 죽음

완전한 사랑

가늘고 긴 기도

십자가

죽고 싶던 날들을 지나
내가 만난 예수님

하루
하루가
시간
시간이

십자가임을
비로소 알겠네

하나 되게
하소서

그 사람도
하나님의 사랑을
알게 하소서

신의 사랑 안에서
하나 되게 하소서

기도 속에
불러 보는 이름

기도밖에
드릴 게 없어
눈물로
기도합니다

이름

죽을 때도
그 이름만은
가슴에 묻고 갈 거야

흰 무명
헝겊 속에
싸매어 두고 싶었던
이름

차마
바라볼 수조차 없어
돌아서서
울던
이름

물새 발자욱처럼
수없이
모랫벌에 써본
이름

기를 쓰며
파도가 휩쓸고 가던
이름

소중했으나
허망한
이름

진실한
이름

그 이름은

가늘고 긴 기도

어떤
해후

전화를 걸 수 있을 때보다
전화를 걸 수 없을 때가
더욱 간절한 그리움이다

편지를 띄울 수 있을 때보다
편지를 띄울 수 없을 때가
더욱 사무치는 보고픔이다

슬픔이 북받치면
눈물도 마르듯이
눈매 글썽이며
보고 싶던 사람도
잠잠히 견딜 수 있다

그러다가
정말 그러다가

너의 간절한 그리움과
나의 사무치는 보고픔이

보름달 되어
하나의 가슴이 될 때
약속이 없이도
마주칠 수 있다

비켜 설 수 없는 자리
어느 알지 못할
길모퉁이에서

용서
하소서

보여 주시지 않아
보지 못한 것이 아니라
저의 눈이
감겨 있으므로
보아도
깨닫지 못한 죄
용서 하소서

들려 주시지 않아
듣지 못한 것이 아니라
저의 귀가
닫혀 있으므로
들어도
깨닫지 못한 죄
용서 하소서

불러 주시지 않아
가지 못한 것이 아니라
저의 발이

묶여 있으므로
가도
깨닫지 못한 죄
용서 하소서

마음을 찢어
주께 드리오니
용서 하소서

가늘고 긴 기도

결빙기

잡목림 너머
너의 창엔
아직도
불이 켜져 있다

홀로 걷는 둑길
결빙의 갯벌

오늘
우리는 서로의 길을 모른다
들녘에 피어오르는
잿빛 연기처럼
내일도
암담할 뿐

꿈과 현실의
정점에서 마주친
나의 분신

사람으로 태어나
아름다운 목숨 하나 품고
돌아가는 길

어둠 저편
풀잎 한 자락
얼어붙은 목소리로
나를 부르고 있다

가늘고 긴 기도

여백

사람이
그리운 날

책방에 들러
시집이나
수필집

한 두어 권
품에 안고 돌아온다

정갈한 글씨처럼
신선한 사람

맑은 그 목소리로
나직히 들려주면
피가
맑아질거야

함께이지 못함을

서러워 말자

검은 글씨 사이
비워둔 자리

그대와
나의 만남도
여백으로
남겨두리

가늘고 긴 기도

길

잎이 지네
다시 피려고
떠나 가네
돌아오려고
홀로 있네
함께이려고
울고 있네
웃어보려고

가고 오고
울고 웃고
피고 지고
그 모든 것

이 세상에
그 누가
막을 수가 있으랴

온 몸으로

온 마음으로
모두 품어 안으리

눈 감아도
훤히 보이네
사라져도
밀려오네
떠나가도
늘 함께 있네
서성이네
다시 보려고

가늘고 긴 기도

그 이름
있기에

내 혼이
심연의 그물 속에 갇혀
자맥질 쳐도
아직은
절망이 아니다

길길이 뛰는
미친 바람
뒷덜미 후려치는
삶의 눈보라

그러나
끝은 아니다

가슴속 눈물
여울져 흐를 때
떨며 부를 이름 있기에

천둥과 우레

사라진 뒤

비애의 바다 너머
수평선을 바라보리

가늘고 긴 기도

2.

너의 꽃, 민들레를 보며

아름다운 밤

1985년 12월 26일

내가 지금 이곳 수녀원에서 글을 쓰고 있다는 것이 믿어지지 않는다. 그토록 오고 싶었던 곳.

오빠가 마련해 준 비행기표를 때에 맞춰 잘 쓴 셈이다. 3시 30분 비행기에 오를 때까지 아! 오늘의 이 하루는 얼마나 어수선한 날이었나!

아침에 걸려온 전화 때문에 내 머릿속은 온통 쑥대밭이 되어 버려 가방을 챙기지도 못하고 어정어정했었다.

서울에서 40분 거리에 날아올 수 있는 곳. 비행기 안에서 눈을 감고 애써 복잡한 생각들을 지우고 나니 벌써 김해공항에 도착이다.

너의 꽃, 민들레를 보며

해인에게 도착 전화를 걸고 해운대로 가는 버스에 올라 덜컹거리며 고속버스 터미널 앞까지 와서 택시로 바꿔 탔다. 기사 아저씨는 해인이가 말해 준 분도치과나 유치원은 몰라도 광안리 수녀원은 자신있게 알고 있다 한다.

올리베따노 성 베네딕도 수녀원 안으로 택시가 들어서니 어둠 속에 서 있던 해인이, 그리고 두 청원 수녀. 그들은 옛날 나의 MBC FM의 〈박인희와 함께〉를 무척 열심히 들었던 소녀 시절이 있었다 한다. 〈남과 여〉 중에서 '삼바 사라바'를 그렇게 좋아해 열심히 엽서를 보내기도 했다고.

이제 수녀가 된 내 애청자를 이렇게 이곳에서 만나게 되다니…. 어쩌면 그렇게도 해맑고 기쁨에 찬 얼굴들인지. 내 가방을 받아들고 친절히 안내해 주었다.

6시 저녁기도를 위해 성당으로 들어가자, 해인이는 나를 맨 뒷줄의 한 자리로 이끌며 내 곁에 앉아 기도를 올렸다. 수녀님들의 알렐루야가 나직하고 청아한 화음을 이루는 속에서 나는 조용히 머리를 숙였다.

저녁 식탁에 오른 김치와 뭇국, 오이와 소시지를 넣은 마요네즈 무침, 동치미와 빈대떡은 모두 맛있고 정갈했다. 특히 빈대떡은 부산 깔멜 수녀원의 수녀님들이 직접 부쳐서 보내주신 거란다. 음식을 목구멍에 넘기면서도 어쩐지 자꾸 목이 멘다. 내가 어떻게 이곳에 와서 이런 정성이 가득한 음식을 맛볼 수 있을까…. 아! 하나님의 은혜가 너무나 감사하다.

나는 객실로 안내되었다. 언덕에 자리잡은그 객실을 해인이가 '언덕방'이라고 이름 붙였는데, 나중에 '言德房'이 되었다. 이 객실에 루이제 린저, 법정 스님, 홍윤숙 씨, 이어령 씨 등이 다녀가셨다고 한다.

머리에 수건을 쓰고 한복을 곱게 입은 여인들의 뒷모습. 수녀원 원장님이 대학 시절에 그리신 그림이란다. 여인의 뒷모습… 눈길이 자꾸만 머문다.

내가 며칠간 머물게 될 객실 3호실. 동양화 한 폭. 포인세티아 잎과 작은 통나무, 촛불 하나와 그 아래 놓여 있는 밤색 잣 두 알. 내 노래 '하얀 조가비'를 얼핏 떠오르게 하는 수반 위에 모래, 조약돌, 그리고 조개 껍질들….

회색빛 방석 위에 수 놓인 하얀 꽃수. 사과 두 알과 노오란 감귤의 접시. 수녀원에서 직접 구운 깔끔한 과자. 결고운 나무 침대. 흰 베갯잇. 새하얀 시트. 침대 머리맡, 흰 레이스 위에 놓인 검은 가죽 성경책 한 권. 겸손히 고개 숙인 스탠드 등불. 자그마한 책상 위에 놓인 기도시간표. 귀여운 시계. 검은 화분에 피어 있는 아스파라거스 잎새. 나무 냄새가 그대로 배어 오르는 받침 위에 돌 하나. 그리고 이 방에서 나를 가장 평온하게 쉬게 해줄 나무 십자가. 침대맡, 흰 벽 위에 아무런 장식 없이 곧게 걸려 있는 나무 십자가가 유난히 마음을 끈다.

잠시 해인이와 이야기를 나누고 있는데, 문이 열리며

너의 꽃, 민들레를 보며

맑은 목소리가 울려 왔다. 은은한 기타소리와 함께.

"노엘… 노엘… 노엘… 노엘…"

아! 이렇게 아름다운 캐럴을 이곳에 와서 듣게 되다니. 청원 수녀 11명이 환하게 웃는 얼굴로 나를 위해 문밖에서 불러 준 것이다. 아까 가방을 받아 주며 맞아 준 2명의 수녀도 함께이다.

"반갑습니다, 반갑습니다, 반갑습니다…" 천사들의 목소리와 모습이다. 그 모습, 그 미소, 그 목소리, 그 눈빛만 바라보고 있어도 저절로 마음이 정화되는 수녀들의 순결한 자태.

그동안 너무나 힘들어하니 하나님께서 나를 이곳으로 이끌어 주셨나? 부족하기 그지없는 내가 이런 아름다운 축복과 은총을 홀로 다 받고 있다니… 그 은혜 정말 감사해 나도 모르게 눈물이 맺혔다.

수녀님들은 뜻밖에도 나의 노래 '무명옷 갈아입고 들길을 가자…'를 부르고 있다. 이 노래를 자주 합창으로 부른단다. 그런데 자주 부르고 좋아하면서도 곡목을 몰라 안타까워했단다. 나는 곡목을 '들길'이라고 가르쳐 주었다.

동그랗게 둘러앉은 수녀님들 앞에 해인이와 내가 나란히 앉아 있다. 어린 시절의 우리들의 만남, 우정, 헤어짐, 다시 만남에 이르기까지 길고 긴 이야기를 해인이가 들려주었다. 말없이 해인이를 바라보며 빙그레 웃음 짓던 내 모습, 내 눈빛, 연보랏빛 스웨터, 밤색의 긴 머리.

"인희는 어릴 때 유난히 머릿결이 고왔어. 머리도 짙은 밤색으로 치렁치렁한 긴 머리였어."

해인이의 얘기에 내가 생각나는 대목이 있으면 덧붙여 주고, 내 이야기에 해인이의 기억이 더 정확하면 해인이가 덧붙여 주었다. 어머나! 어머나! 수녀님들은 계속 놀라움과 부러움의 눈초리다.

이야기를 다 마치자 그들은 내게 노래가 듣고 싶다고 했다. 8, 9년 가까이 노래를 부르지 않았으니 그들이 기다리는 좋은 노래를 들려 줄 수가 없다. 기타도 너무 오랫동안 퉁겨 보질 않았으니 그들이 바라는 아름다운 반주를 할 수가 없다.

그러나 사양하지 않고 그들의 청을 그대로 들어주고 싶은 심정이 드는 것은 웬일일까. 순수한 그들의 모습, 목소리, 미소, 분위기에 이끌려 나도 노래를 들려주고 싶었다.

"수녀님들 눈 감으세요."

내가 말했다. 해인이가 등불을 껐다.

어둠 속에서 검은 옷의 수녀님들은 모두 두 눈을 감고 나의 노래를 들어 주었다.

눈이 내려도

만날 수 없다

우리 둘이는

우리 둘이는

너의 꽃, 민들레를 보며

비가 내려도
만날 수 없다
우리 둘이는
우리 둘이는

그러나
눈 감으면 보이는 얼굴
가슴에 묻어 둔
그 한 사람

꽃이 피어도
만날 수 없다
우리 둘이는
우리 둘이는

낙엽이 져도
만날 수 없다
우리 둘이는
우리 둘이는

– 우리 둘이는

노래가 끝난 후에도 어느 누구도 입을 열려고 하지 않

고 오래도록 모두 어둠 속에서 눈을 감고 있었다. 나도,
해인이도, 수녀님들도.

"이번엔 내가 시 낭송 하나 할게, 제목은 '희망에게'."

해인이가 목소리를 가다듬으며 시를 낭송했다.

하얀 눈을 천상의 시처럼 이고 섰는
겨울나무 속에서 빛나는 당신
1월의 찬물로 세수를 하고
새벽마다 당신을 맞습니다

답답하고 목마를 때 깎아 먹는
한 조각의 무맛 같은 신선함

당신은 내게
잃었던 꿈을 찾아 줍니다
다정한 눈길을 주지 못한 나의 일상에
새 옷을 입혀 줍니다

남이 내게 준 고통과 근심
내가 만든 한숨과 눈물 속에도
당신은 조용한 노래로 숨어 있고,
"새해 복 많이 받으세요"라는
우리의 인사말 속에서도 당신은

너의 꽃, 민들레를 보며

하얀 치아를 드러내며 웃고 있습니다
내가 살아있음으로
또다시 당신을 맞는 기쁨

종종 나의 불신과 고집으로
당신에게 충실치 못했음을 용서하세요
새해엔 더욱 청정한 마음으로
당신을 사랑하며 살겠습니다

- 희망에게

해인이의 시. 《한국일보》에 신년에 실릴 시였다. 오늘 원고를 우편으로 부쳤다는 그 시를, 신문이 나오기 전에 해인이의 목소리로 우리가 먼저 들었다.

정말 오늘 밤은 일생 동안 못 잊을 거다. 아름다운 추억 하나를 심어준 작은 천사들과의 만남을.

밤 기도를 하러 올라가야 한다는 그들을 떠나보내는 내 마음이 더 아쉬웠다. 밤새 함께 앉아 얘기하고 노래하고 듣고 바라보고 싶을 만큼.

"손 좀 만져 봐요."

계단을 오르는 작은 천사들의 손 하나하나를 내가 두 손으로 감싸주며 토닥였다. 모두 11명의 손을. 따뜻한 손, 손… 정겨운 손, 손…. 아름다운 밤이다.

우리둘이는

잠시 후, 해인이도 밤 기도하러 떠나면서, 검은 머플러를 의자 위에 놓고 갔다.

"내일 바닷가에 가려면 추울 것 같아서… 머플러 가져왔니?"

이미 그 머플러를 두른 것처럼 목 언저리가 따스해졌다.

"이것 읽다가 자, 잠 안 오면…"

《샘터》1월호. 그래, 그래, 내 가슴은 벌써 샘터로 바뀌었다.

"여기 비누 있어."

나는 벌써 깨끗하게 비누 세수를 한 느낌이다.

"추우면 이것 켜고 자."

구부리고 앉아 파아란 전기 핫백의 스위치를 작동시키고 있는 네 모습을 보니 난 벌써 훈훈해진다.

해인이는 내가 잠들 나무 침대에 이불을 정성껏 펴고, 베개를 바로 놓아 주고 이리저리 다독거려 잘 손질을 한 후 떠나갔다.

사과 내음이 은은하게 배어 나는 이 방! 나에게 너무나 과분한 이 깨끗하고 성스러운 방! 나무 십자가 하나만으로 온 가슴이 꽉 차오르는 은총의 이 방!

해인아! 어찌 내가 잠들 수 있겠니?

"푹 자고, 내일 아침엔 7시까지 성당으로 오면 돼. 수녀님들의 미사 드리는 모습, 뒤에서라도 지켜보면 좋을 것 같애. 우리는 6시 30분까지 성당 안에 도착해서 기도하고 준비하니까 너도 그쯤 해서 준비하고 있어. 벨이 울리는 작은 시계 하나 갖다 놓아 줄까? 아, 그럴 것 없이 내일 내가 성당으로 가면서 6시에서 6시 30분 사이 똑똑, 문을 두어 번 두드리고 갈게. 그럼 됐지?"

해인아! 너는 마치 언니처럼 자상하게 이모저모 일러 주고는 너의 기도실로 가는 계단을 올라갔지. 그런 네 뒷모습을 바라보다가 방으로 돌아와 이 글을 쓰고 있다.

내가 어떻게 이대로 잠들 수 있겠니? 《샘터》에 실린 네 글 〈작은 순례자의 기도〉를 읽었다. 지금.

'인간이 누군가와 관계를 맺는다는 것은 자신의 시간을 기꺼이 내어줄 준비가 되어 있어야 함을 깨닫습니다.' 너는 이렇게 얘기했더라. 실제의 네가 그렇듯이, 나에게 내어주는 너의 시간, 너의 모습, 너의 모든 것이 그렇듯이.

글 읽고, 수녀님들이 구워 주신 과자 두 개 오물오물 꺼내 먹고, 나무 십자가 한 번 바라보고 다시 글을 쓴다. 시계를 보니 밤 12시 6분 전이다.

이 밤에 내가 어떻게 잠들 수 있겠니? 나를 위해 놓아 준 흰 촛불 하나 켜고, 나무 십자가를 보며 머리맡의 두꺼운 성경을 읽으며 그리고 너에게 글을 쓰며 밤을 지새우고 싶다. 아! 자세히 보니 흰 촛불이 아니고 연한 노란 빛이 배어 있는 촛불이구나. 연노랑빛 민들레 꽃잎 같은.

너는 잠들었을까? 기도 마치고 지금쯤은 잠이 들었을 거야. 자고 싶지 않아도 내일 아침 6시 30분 미사에 늦지 않으려면 억지로라도 자야 할 거야. 내가 이 글을 쓰는 호실에서 몇 발짝만 걸어 나가면 너의 시 〈민들레 연가〉가 복도의 흰 벽에 걸려 있다. 조금 아까 나가서 그 앞에 마주 섰었지. 어디에서나 너의 자상한 정, 사랑을 느끼게 되는 밤이다.

6시 30분부터 시작되는 아침기도를 위해 일부러라도 눈을 붙이려 했다. 12시 10분쯤 되었을까⋯ 잠을 자 둬야지, 아니야 기도를 드려야지, 이렇게 감사한 밤.

"주님, 이렇게 귀한 밤을 선물로 주셔서 감사합니다. 부족한 제 한 몸이 차지하기엔 너무나 소중한 밤입니다. 깨끗한 시트, 따스한 이불, 읽을 수 있는 성경책, 바라볼 수 있는 십자가, 깨어 일어나 볼 수 있는 작은 시계, 제 마음을 담을 노트 한 권, 표현할 수 있는 볼펜 한 자루, 몸과 마음이 쉴 수 있는 평화의 공간을 선물로 주심을 감사합니다. 이 귀한 시간, 그냥 잠들거나 깨어 머물다 돌아가는 시간이 아니라 며칠 동안의 머무름을 통해 제가 알지 못했던 하나님의 깊은 사랑을 더욱 체험하게 하여 주옵소서. 느끼지만 말고 느낌만큼 행함이 따르는 참된 사랑이 되게 하소서. 달라질 수 있는 제가 되게 하소서."

해인이는 잠들었을까⋯

눈을 뜨니 새벽 3시 30분이다. 조금 더 자도 되겠구나⋯ 다시 눈을 뜨니 겨우 30분이 흘렀다. 머릿속은 맑은데 잠이 오지 않는다. 조금 후에 시계를 보니 15분가량이 흘렀을 뿐… 아예 일어나 세수를 하고 옷을 갈아입었다. 해인이가 내 방에 오려면 2시간 반가량이 지나야 한다.

　6시 20분. 똑, 똑 소리에 문을 여니 해인이다. 어두운 복도를 지나 성당으로 들어가 아침기도를 드렸다.

1985년 12월 26일

크고 비밀한 일을
네게 보이리라[*]

이번 달에, 살아 계신 하나님을 증언해 주실 분은 박인희 씨입니다.

박인희 씨는 지금 KBS FM방송에서 디스크 자키로 일하고 있지만 그보다는 가수로서 더 알려져 있는 분입니다. 1970년대 초의 '뜨와 에 므와'라고 하면 '아, 그 박인희!' 금방 알아보실 분들이 많을 것입니다.

저로서는 '우리 모두 잊혀진 얼굴들처럼 모르고 살아가는 남이 되기 싫은 까닭이다…'로 시작되는 〈얼굴〉이라

---

[*] 편집자 주: 이 글은 84년 12월호 《주부생활》지에 게재된 작가 김승옥의 〈인간순례〉 내용임

는 그녀의 자작시 낭송의 그 티 없이 맑은 음색을 잊을 수 없습니다. '끝이 없는 길' '젊은 나의 우리들' '돌밥' '하얀 조가비' 등의 노래 가수로서 알려져 있는 박인희 씨는, 그러나 알고 보면 가수라기보다 다재다능한 방송인이라고 하는 편이 좋을 듯합니다.

여고 시절엔 문예반과 신문반장으로 활동하고 연극도 했으며 대학에서는 최초의 숙명여대 방송국장을 지내며 교내 방송을 지휘했던 다재다능한 분입니다.

1981년과 1983년 두 차례에 걸쳐 미국에 가서 캘리포니아 주립대학에서 방송인으로서의 전문교육을 받기도 했습니다.

공부하기 위해서 어린 아들을 데리고 미국 로스앤젤레스에 가 있는 동안 박인희 씨는 하나님을 만났습니다. 엄밀하게 말하자면 하나님께서 예레미야서 33장 3절에서 우리에게 주신 약속 즉, '너는 내게 부르짖으라. 내가 네게 응답하겠고 네가 알지 못하는 크고 비밀한 일을 네게 보이리라'고 하신 말씀에서 '크고 비밀한 일'을 박인희 씨에게 보여 주신 것입니다.

그 감동적인 성령 체험은 이제 박인희 씨 본인이 직접 쓴 글로 읽게 되겠습니다만 그보다 먼저 제가 박인희 씨와 만나게 된 경위 자체가 저로서는 결코 우연 같지 않고 박인희 씨 역시 하나님의 계획에 의한 것이라는 확신이 든다고 말하고 있는 것입니다.

하나님을 알기 전에는 세상의 모든 일이 우연처럼 보였으나 하나님을 알고 믿고 나면 결코 우연이란 없고 '하나님의 허락 없이는 머리털 한 올도 세어질 수 없고 참새 한 마리도 땅에 떨어지는 법이 없다'는 건 확실합니다만 유난히도 하나님의 뜻이라는 걸 깨닫게 해주는 사실이 때때로 있습니다. 특히 기도에 대한 응답이라는 걸 직감으로 알 수 있는 사실이 있는 것입니다. 박인희 씨와의 만남이 그런 사실 중의 하나입니다.

박인희 씨를 제가 처음 만난 것은 약 4개월 전인 지난 7월 중순 어느 비 오는 날이었습니다. 토요일이었다고 기억합니다. 오후 6시경, 제가 맡고 있던 잡지일 관계로 저는 이해인 수녀님을 만나러 후암동에 있는 분도병원으로 갔습니다.

이해인 수녀님은 아시는 분은 아시겠지만 베네딕도 수도회에 소속해 있는 수녀로서 최근에 시집을 두 권 발간한 시인이기도 합니다. 아름다운 시를 쓰는 수녀시인을 잡지에 소개하기 위한 인터뷰 목적으로 그분과 잘 안다는 제 고등학교 동창생을 앞장세워 약속장소인 분도병원으로 갔습니다.

분도병원은 수녀원에서 경영하는 병원입니다. 이해인 수녀님도 그 병원에서 간호사로서 봉사하고 있나 보다 하며 예상하고 갔는데 알고 보니 그게 아니었고 그곳에 기

너의 꽃, 민들레를 보며

숙하고 있을 뿐, 서강대학교 대학원에서 석사과정을 이수 중인 대학원생 신분이었습니다. 소속 수녀원은 부산에 있고 서울에서 공부하는 동안만 이곳에 머물렀던 것이었습니다.

방문객을 위한 응접실에서 이해인 수녀님과 제 동창생, 저, 셋이서 얘기하고 있는데 박인희 씨가 들어왔습니다. 박인희 씨에게는 이해인 수녀님이 울적할 때는 꼭 찾는 친구라는 것이었습니다. 오늘도 비 탓인지 이 수녀님한테 가고 싶은 충동에 끌리어 집에 가만있지 못하겠더랍니다. 두 분은 풍문여중 학생 때부터 단짝 친구라고 했습니다.

나중에 알고 보니 두 분의 우정은 그리 흔히 볼 수 있는 것이 아니었습니다. 주로 편지로 우정을 교환하는 특이한 관계였습니다. 이해인 씨 쪽이 수녀라는 특수한 신분 탓이기도 하겠지만 여중학교 1학년 같은 반 때도 정작 학교에서는 말도 주고받지 않았으면서 서로 집에서 편지는 끊임없이 써댔다고 하니 두 분이 천성적으로 예술가 기질이라고 하는 편이 옳을 듯합니다.

그날 그 자리에서 이 얘기 저 얘기 하다가 하나님의 은혜에 관한 제 체험을 얘기했습니다. 그러자 박인희 씨 쪽에서도 지극히 조심스러운 태도로 자신의 체험을 얘기했습니다. 너무나 신기하고 놀랍고 님에게 설명하기 어려운 체험이기 때문에 단 한 사람 친정어머니에게만 얘기했을 뿐, 오늘날까지 남편에게조차 말하지 않고 간직해 온 체험이라고 하면서 하나님께서 보여 주신 것을 얘기했습니다.

옆에서 듣고 있던 이해인 수녀님조차도 처음 듣는다고 했습니다. 친정어머니께서 '다른 사람으로서는 이해하기 어려운 체험이니 혼자서만 깊이 간직하라'고 하셨다고는 하지만 하나님을 섬기는 수녀인 단짝 친구에게조차 여태껏 말하지 않았다는 걸 보면 박인희 씨의 성격도 어지간하다고 생각하면서, 지금 박인희 씨가 제가 있는 자리에서 처음으로 그 체험을 공개하게 하시는 분이야말로 하나님이시다는 느낌이 문득 드는 것이었습니다.

박인희 씨 역시 우연 같지는 않다고 했습니다. 작년 로스앤젤레스에 체류할 때, 하나님의 은혜를 받기 전, 무척 암울한 상태에서 지내고 있었다고 합니다. 그때 도서관에서 한글로 된 책을 닥치는 대로 찾아 읽으며 외국 생활의 허전함을 달래고 있었는데, 그때에 거기서 읽게 된 제 소설들의 허무감이 무척 공감하게 되었다고 합니다. 어두운 시절에 읽었던 어두운 소설. 그토록 어두운 작품을 쓰던 작가가 하나님의 은혜를 받고 밝게 변화되어 있는 걸 보니, 자신 역시 암울한 상태에서 하나님의 은혜로 기쁨 속으로 옮겨진 사실을 고백하지 않을 수 없었던 것입니다.

비슷한 시기에 우리에게 은혜를 주시고 만나게 해 주시고 입을 모아 그 은혜를 증언하게 해주신 하나님께 감사와 찬양을 올리며 박인희 씨가 직접 쓴 체험기를 여기 붙입니다.

너의 꽃, 민들레를 보며

·· 체험기

내가 노래를 시작한 것은 가수가 되고 싶다거나 유명해지고 싶다거나 하는 것과는 전혀 다른 동기에서였다.

대학 4학년 때였다. 한 연극 단체가 순수한 연극만을 목표로 연기자를 뽑았다. 당시엔 TV 방송국이 생기면서 능력있는 연극배우들이 하나둘 무대를 떠나고 있었다.

여고 시절 춘향전에서 춘향역을 맡았던 나는 연극을 꼭 해보고 싶었다. 모집 마감 시간이 가까워 아무도 모르게 원서를 접수했다. 그런데 뜻밖에도 원서가 통과되고 실기 테스트에서 최종 합격자로 뽑혔다.

그러나 나의 사진과 기사가 《동아일보》에 실리자, 예상대로 집안을 비롯한 주변의 맹렬한 반대에 부딪히게 되었다. 합격만 했을 뿐, 아예 연습장엔 발길을 끊을 수밖에 없었다. 고민 끝에 순종했으나 꼭 하고 싶은 것을 못하는 마음과 몸은 점점 야위기만 했다. 연극 포스터만 보아도 가슴이 내려앉아 애써 얼굴을 돌렸고, 밝고 넓은 길보다 골목길이 훨씬 마음이 놓였다.

처음으로 겪는 진한 좌절감이었다. 이렇게 견딜 수 없는 나날 속에서 노래는 내 마음의 응어리를 풀어 주는 한 가닥의 밧줄이었다. 가슴에 고인 한숨에 멜로디를 붙인 것이 나의 노래가 되었다. 누구나 한 번씩 겪게 되는 젊은 날의 멍울을 바람에 날려 보고 싶었을 뿐이다. 가수로서의 인기나 물질에 아무런 초조감도 느끼지 않았지만 덤으로 바쁜 나날이 계속되었다.

고통이 아물고 나니 이름 석 자가 알려지기 시작했다. 그러나 노래는 더 부를 수가 없었다. 유명세를 치르기 위해 똑같은 노래를 이곳저곳에서 몇 번이고 되뇌는 앵무새는 결코 되고 싶지 않았다. 그렇게 노래를 부르기보다는 남의 노래를 듣는 쪽이 훨씬 더 좋았다. 공감할 수 있는 노래를 골라 다른 사람에게도 들려 줄 수 있는 것이 더 보람으로 느껴졌다.

방송 사회자로 디스크 자키로 나의 일이 바뀌었다.

그런 나에게 방송을 빼고 나면 빈 껍데기나 다름없었다. 아무리 몸이 아파도, 슬픈 일이 있어도 마이크 앞에 앉으면 차분히 가라앉았다. 좋은 반응을 얻었다. 하루에 생방송 다섯 시간을 혼자 해낼 수 있을 만큼 일에 빠져들어 갔다. 결과가 어찌 됐든 최선을 다했고 방송은 나의 천직처럼 느껴지기도 했다.

크리스마스도, 새해도, 주말도, 일요일도, 국경일도 없이 오직 생방송의 연속이었다. 그렇게 음악과 맞닿은 생활을 하면서도 집에 돌아오면 다시 잠들 때까지 몇 시간이고 음악을 들었다. 그렇게 몇 년이 흘렀다.

그러던 어느 날부터 나는 잠을 이룰 수가 없었다. 그렇게 좋아하던 음악을 들어도 가슴만 조여들 뿐 기쁨이 없었다. 방송 도중 스튜디오를 밀치고 그저 어디론가 사라져 버리고 싶은 충동이 일곤 했다. 그리고 뻥 뚫린 가슴의 구멍은 그 무엇으로도 채워지지 않을 것만 같았다.

뿌옇게 색이 바래 가는 트로피들, 열심히 일해서 받은 상장들. 그런 명예로운 것들이 아무 소용 없이 느껴졌다.

나는 나도 모르게 쭉 잊고 살았던 기도를 하기 시작했다. 그러나 아무 말도 생각나지 않고 참담하기만 했다. 가족들이 잠든 사이 혼자 골방에 들어가 문을 닫고 앉아 있으면 기도는커녕 덜컥 겁이 났다. 눈앞이고 머릿속이고 어지럽고 혼란스러워져 이러다 갑자기 뒤집히는 것이 아닌가 하는 착각에 빠져 1분도 앉아 있지 못하고 튀어나오기 일쑤였다.

시간이 흐를수록 성경의 붉은 줄들이 늘어갔다. 구절마다 의심 없이 다 받아들여져도 성경을 덮고 나면 '삶의 의미는 무엇인가?' 하는 절실한 문제는 여전히 고개를 쳐들었다.

나는 그런 시간을 지탱하기 위해 많은 책을 뒤적거렸다. 그러나 많은 책은 나에게 공감을 주었으나 참된 평온을 주진 못했다. 내가 지금까지 살아오며 손에 쥔 것은 한줌의 허명(虛名)에 불과했다.

방송이 끝난 어느 늦가을 저녁, 나는 자동차도 버려둔 채 한참 동안 어둠 속을 걸었다. 나도 모르게 발길이 닿은 곳은 새로 건물을 증축하고 있는 교회 앞이었다. 결국 찾아온 곳이 어둠 속의 교회란 말인가! 스스로 놀랐다.

공사 중이라 여기저기 벽돌조각과 나무 조각이 뒹구는 불 꺼진 한 구석에 쪼그리고 앉아, 그 어둠 속에서 얼마나 울었는지….

나는 지금까지 살아온 나 자신에게 멀미를 느꼈다. 그리고 수많은 경쟁자가 서로 앞을 다투는 지금의 자리를 비우기로 결심했다. 그 자리를 비운다는 것은 방패를 스스로 반납하는 일이 될지언정 절대로 후회하지 않기로 했다.

새벽 4시에 일어나 어둠 속에서 학교 갈 준비를 해야 하는 UCLA 대학생활이 시작되었다. 강의실에서 도서관으로, 집으로 하루 스물네 시간은 나에게 너무도 부족한 시간이었다. 강의에 몰두하면 할수록 부족했던 자신에게도 눈을 뜨게 되었다.

10년이 넘도록 나의 생활의 중심이 되었던 마이크 앞에서의 생활이 반추되었다. 내가 무얼 안다고 그렇게 많이 떠들었을까. 한없이 부끄러웠다. 그렇게 초라할 정도로 마음이 쓰라릴 때마다 성경을 읽었다. 욥기, 잠언, 전도서의 모든 구절들이 마치 나를 위해 쓰여진 듯했다. 사전과 씨름하다 영어책에서 손을 떼 잠시 마주한 한글 성경! 눈이 맑아지는 듯했다.

두고 온 얼굴들이 그리웠다. 한없이 우리 말이 그리웠다. 그럴수록 성경을 열심히 읽었다. 새벽, 그 미명의 시간 속에 잠겨 성경을 읽던 기쁨. 이런 나날 속에서 나는

　　　　　　　너의 꽃, 민들레를 보며

내 인생의 가장 귀중한 그리고 잊을 수 없는 생생한 은혜의 체험을 하게 된 것이다.

1983년 11월 11일— 한 가닥 한 가닥이 모여 하루의 날짜가 되듯이 나의 팔 하나하나, 다리 하나하나를 모두 주님께 맡긴 날이다. 내가 다시 태어난 날. 내가 거듭난 날이다. 아침에 눈을 뜨니 가는 비가 내리고 있었다. L.A.에서 비를 볼 수 있는 날은 귀한 날이다.

갑자기 찬송가를 부르고 싶어 자리에 누운 채로 정성을 다해 노래를 불렀다.

그날따라 찬송가의 한 구절 한 구절이 가슴에 안겨 왔다.

기도와 찬송가, 성경 읽어 주는 것을 제일 좋아하는 어린 아들에게 고린도전서 13장의 '사랑의 말씀'을 들려주려고 천천히 소리 내어 한 구절 한 구절을 읽어 내려갔다. 그리고 예레미야 33장 3절의 말씀.

'너는 내게 부르짖으라. 내가 네게 응답하겠고, 네가 알지 못하는 크고 비밀한 일을 네게 보이리라.'

이 구절을 한 구절씩 깊이 생각하며 읽었다. 이 말씀에 붙들려 한 번, 두 번, 세 번, 열 번, 스무 번… 나중엔 몇 번인지 헤아릴 수 없을 만큼, 입으로만이 아니라 가슴 깊이 들이마시며 눈을 감았다. 갑자기 양팔에 쥐가 나고 저리기 시작했다. 아이에게 부탁하여 주무르는데 그래도 그치지 않고 계속 더 저렸다. 견딜 수 없을 만큼.

환이가 무릎 꿇고 땀 흘리며 열심히 주물러도 소용없었다. 할 수 없이 그만두게 하고 누운 채로 내가 이번엔 왼손은 오른손을 오른손은 왼손을 번갈아 주무르고 있는데 나도 모르게 양팔이 옆으로 좌악 뻗어졌다. 내 모습이 십자가의 모습이 되었다.

그 상태로 손바닥을 하늘로 벌린 채 입으로는,

"주여! 감사합니다."

하는 소리가 흘러나왔다. 눈앞이 하얗게 텅 빈 상태였다. 갑자기 마음이 평온했다.

눈앞이 텅 빈 상태에 참된 기쁨이 내 마음에 가득했다. 진실로 참된 기쁨, 참된 평온은 자신을 모두 다 비웠을 때 솟아나는 것인가?

그렇게 비우려고 온갖 안간힘을 해도 비워지기는커녕 죄악과 슬픔과 불안과 무서움으로 뒤범벅이 되었던 예전의 나.

눈앞이 점점 텅 비워진 채로 새하얗게 펼쳐졌다.

한참 동안은 그렇게 마음이 평온했다. 갑자기 어디선가 희디흰 빛이 쏟아져 내려왔다. 쏟아진 빛은 둥글게 한 덩어리로 변했다. 그리고 십자가의 모습으로 사라져 갔다. 저 멀리 흰 옷 입은 예수님의 모습이 손가락 한 매듭만 하게 보이고 사라졌다. 다시 보이다 사라지고 뭉게뭉게 구름 밭으로 변해 버렸다.

살아오는 동안 누구의 얼굴인지, 알 수도 기억할 수도

없으나 두 눈과 입만 선명하게 보이는 한 모습이 크게 나타났다가 사라지고 다시 구름 밭으로 보였다. 다시 두 눈과 입이 나타났다가 사라지고 계속 되풀이되었다.

몸 아래의 형체는 보이지 않고 얼굴 테두리도 없고, 오직 구름밭 한가운데 두 눈과 입. 그러나 한 번도 만나 뵌 일이 없으나 그 순간 내게 확신이 왔다. 성령님의 모습이구나! 두려움도 의심도 없었다.

형체는 되풀이되어 나타났다가 사라지고 그다음엔 다시 빛이 쏟아지며 초록빛의 뭉게구름이 되었다가 사라졌다. 그것은 얼마 동안 계속되었다.

그다음엔 보랏빛의 구름으로 바뀌고 빛으로 바뀌었다가 구름으로… 그러나 사라질 때는 다시 눈부신 빛으로 변해 버렸다.

얼마가 지났을까 다시 희디희게 텅 빈 상태가 되었다. 온몸이 찌릿찌릿 전기가 오는 것처럼 뜨겁게 됐다.

순간 나는,

'어떻게 이렇게 누워서 양팔을 쫙 펼친 채로 성령님과 예수님의 빛을 볼 수 있을까? 이것도 죄일 텐데, 일어나 앉아야겠다. 무릎을 꿇고 엎드려야지.'

생각을 하고 있는데 웬일인지 아무리 일어나려 해도 움직일 수가 없었다.

손가락 끝에서부터 발가락 끝까지, 머리카락 끝에서

뼈 마디마디, 살 한 점 한 점에 이르기까지 뜨겁고 강한 전류가 닿았다.

온몸에 있는 힘을 다해도 일어서지지는 않고 더 밑으로 들러붙는 기분이었다. 그러나 아무런 두려움이 없었다. 두려움보다는 온몸에, 내 마음 깊숙이까지 충만한 기쁨이 찾아왔다.

나는 오직, "주여, 감사합니다. 믿습니다. 할렐루야"만을 뇌고 뇌었다. 나도 모르게 눈물이 흘렀고 태어나서 이런 기쁨을 단 한 번도 단 한 순간도 체험한 일이 없는 완전한 기쁨이 밀려왔다.

혼신을 다해 숨을 쉬었다. 그렇게 한참을 지나다 보니 다시 텅 빈 상태가 되었다. 몸은 아직도 점점 더 가득 찬 기쁨으로 휩싸여 있는데 영혼만이 떠올려져 둥실둥실 위로 올라갔다. 붕 뜬 상태로. 나의 아래는 희디흰 빛이 쏟아지는 평화의 하늘이었다.

어느새 내 온몸까지도 같이 들려져 누워 있는 것은 실감이 나지 않았다. 내가 완전히 들린 상태였다. 홀가분한 완전한 기쁨이 전신을 휘감았다.

다시 흰 구름이 몰려오고 빛으로 퍼지더니 그 빛은 하나의 흰 구름처럼 덩어리로 모이고 그 덩어리는 하나의 형상을 만들며 다시 빛으로 사라졌다.

아! 한눈에 나는 그 형상이 '비둘기'임을 알았다.

"비둘기다, 비둘기!"

흰빛이 쏟아져 내리고. 그 빛은 흰 구름덩이로 뭉게뭉게 둥근 원 모양으로 모였다가, 한 마리의 커다란 하얀 비둘기로 되었다가 다시 빛으로 사라졌다. 그 상태가 계속 되풀이되었다. 하얀 비둘기는 입에 초록빛 감람나무 잎새를 물고 있었다. 그 모습을 바라보며 입속으로 간절히 기도했다.

"주여! 오늘 저는 이렇게, 거듭났습니다. 제가 믿습니다. 죄인이었던 저를 머리카락 하나에서부터 발끝까지 저의 온몸과 마음을 정결케 하여 주실 줄 믿습니다. 맑고 참된 기쁨이 무엇인가를 체험하게 하여 주시니 감사합니다. 저에게 주신 성령의 은사(하얀 비둘기)가 무엇을 의미하는지 이제 제가 알겠습니다. 주님의 말씀을 전하고, 주님을 찬양하여 비둘기처럼 세상을 날아다니며 온 천하에 주님의 참된 진리를 전하라고 주신 축복인 줄을! 변화 받을 수 있게 해주시니 감사합니다."

약 두 시간 반가량을 누운 채로 충만한 성령을 체험했다. 이 세상에 태어나 처음으로 어느 한순간도 두렵지 않고 온전히 기쁠 수 있는 체험이었다. 나는 절대로 잠이 든 것이 아니었다. 꿈이 아니었다.

그동안 할머니와 함께 아침 식사를 끝낸 어린아이가 내 곁에 와 나를 흔들었다. 나는 천천히 일어섰다. 아무데도 아프거나 이상한 곳이 없었다. 머리가 맑았다. 또렷한 목소리로 아이는 나에게 말했다.

우리둘이는

"엄마! 엄마가 두 팔을 이렇게 쫙 펼치고 누워서 계속 '감사합니다. 할렐루야! 믿습니다' 소리만 자꾸 하던데? 꼭 그때 엄마 모습이 축복받은 사람 같았어. 행복해 보이고 기뻐 보이고… 지금도 계속 그래. 엄마는 이제 꽃이 피었어! 아주아주 행복하고 기쁜 꽃 말이야. 하나님이 이렇게 축복을 해 주셨으니까 그 축복이 꽃도 피게 하고, 이렇게 열매도 맺을 거 아냐?"

환이는 손바닥을 합해 꽃이 피는 손이 되었다가 다시 모아 열매가 되었다가 하는 시늉을 하며 함께 기뻐 어쩔 줄 몰라 했다.

아침 식사를 하며 무심코 창밖을 바라보니 어디서 날아왔는지 흰 비둘기 한 마리가 날고 있었다.

희뿌옇게 비가 내리는 L.A의 하늘. 이상하게도 빗속을 날아온 흰 비둘기는 내 창가를 가로질러 저만큼 날아갔다가 다시 되돌아오고, 다시 창가를 가로질러 날아갔다가 다시 돌아오고, 혼자 한참 동안을 서성이다 어디론가 날아가 버렸다. 내가 L.A.에 머물러 그 아파트에 사는 동안 흰 비둘기를 만난 것은 그날이 처음이었다.

주여 이 기쁨, 온전히 주님께 받은 기쁨이 충만한 채로 늘 살아가게 해주세요. 변하지 않고 해처럼 빛나는 밝고 기쁜 얼굴. 그래서 나를 바라보는 사람에게도 이 기쁨을 함께 나눌 수 있도록 영혼과 육신이 모두 강건하여 새롭

너의 꽃, 민들레를 보며

게 변화된 이 기쁨을 세상에 전하고 주님 홀로 영광 받으소서!

성령으로 그리고 실제로 흰 비둘기를 보여 주신 놀라운 체험의 날. 주님을 가까이 뵈올 수 있었던 날은 축복의 비가 내렸다.

(위의 글은 바로 그날, 그 시간의 체험을 기록한 나의 일기 중의 일부분이다.)

그 체험 이후 나는 미국에서 돌아와 다시 마이크 앞에 앉게 되었다. 나는 변화된 모습으로 그 자리로 되돌아온 것이다. 겉모습은 그대로여도 내 마음의 행로는 다른 길을 찾게 되었다. 시련에 대한 감사함도 배웠다. 한 줄기 빛이기 위해 파묻힌 어둠의 시간을 소중히 여길 줄 알게 되었다. 비로소 '용기'를 감성과 이성만이 아닌 온 마음으로 흡수하게 되었다.

지난봄 4월 8일, 가족 가운데 그 어느 누구보다도 건강엔 자신이 있으셨던 시아버님이 세상을 떠나셨다. 아버님의 임종은 내게 많은 뜻을 심어 주었다.

"십자가에 못박히신 예수님의 아픔이 얼마나 크셨는가를 이제 알겠다"고 돌아가시기 전 하신 말씀.

성령의 체험을 하기 전까지 내가 느낀 죽음은 모든 것의 끝이며 환란이었다. 그러나 환란인 죽음마저도 축복이었다. 비록 육신은 정든 가족을 떠나 있지만 육신의 죽음도 삶의 한 부분임을 받아들였다. 생명을 주시는 분도 거두시는 분도 오직 하나님 한 분이시며 그것은 거역할 수 없는 섭리였다.

아버님의 임종은 내가 다시 일하게 된 바로 하루 전에 일어난 예기치 못한 시련이었다. 시련은 소중한 깨우침이다. 1년 공백 후 첫 방송을 검은 상복으로, 그 암담한 가슴으로 마주하고 돌아왔을 때 가족들은 쓰린 마음을 애써 지우며 반가움으로 맞아 주었다.

첫 방송이니만큼 좀 더 밝은 목소리로 진행했으면 좋았을 걸 그랬다는 아쉬움을 얘기해 주었다. 아버님 영전에 생방송 중인 내 목소리를 라디오를 통해 잠시 들려드렸다고 한다.

시작의 설렘과 마지막 떠남의 '만남'은 공교로운 마주침만은 아니었다. 언제 어디에서 어떻게 누가 무슨 일을 만날지, 기쁨일지, 슬픔일지, 사람인 우리가 한치인들 자신의 앞날을 헤아릴 수 있을까.

어느 날 갑자기 주님이 나의 영혼을 거둬 가신다고 해도 기쁘게 눈감을 수 있도록 주님을 위한 일을 하고 싶다.

예전엔 기도의 고마움을 절감하지 못했었다. 내가 안개 속에서 헤맬 때는 뼛속 깊이 홀로인 것 같았으나 항상 누군가 나를 위해 기도해 준 사람들이 있었을 것이다.

어린 시절부터 지금에 이르기까지 어쩌다 잠이 깨었을

때 간절히 기도드리시던 어머니의 모습, 눈물 어린 찬송가 소리. 수도원 생활 중에도 항상 편지 속에 그리고 짧은 엽서 속에서도 잊지 않던 영혼의 친구 해인이의 기도는 지금의 나를 살게 해준 것이다.

"엄마의 가슴병 있으면 다 낫게 해주시고…"라고 궁둥이가 땀에 푹 젖을 정도로 간절히 손을 모으던 어린 환이의 기도. 그리고 알게 모르게 나를 위해 기도해 주는 고마운 이웃들이 있을 것이다.

기도의 소중함을 깨달은 후, 나도 내 자신만이 아닌 다른 사람을 위해 기도의 문이 열리게 되었다. 마음의 문을 열고 보니 그동안 나를 얽어맨 멍에가 풀렸다.

상대방에게 걸었던, 짧은 일회성의 삶 속에서 걸었던 기대를 스스로 거두고 나니 평화로웠다. 이제 나의 기도는 '잘되게 해주옵소서'가 아닌 '주님의 뜻대로' 온전히 따라갈 수 있도록 바뀌게 되었다.

목숨을 주시는 동안 최선을 다해 살고 결과에 마음 졸이지 말고 오직 주님의 뜻에 완전히 맡기는 삶을 살고 싶다. 이제 주님은 내게 신앙의 상징이 아니라 생명인 것이다. 나같이 일그러진 상한 영혼에 찾아오신 주님.

내 맘속에 있는 참된 이 평화는
누구도 빼앗을 수 없네
주님은 내 맘에 구주 되셨네

요즈음 이 노래가 항상 마음속에 들려오고 고동친다. 방송을 하다가도, 길을 걷다가도, 부엌에서 설거지를 하다가도, 친구와 전화를 하다가도, 소리내어 부르지 않아도 가슴 저 밑바닥에서 항상 샘처럼 서려온다.

1983년 12월, 보신각 제야의 종소리를 들으며 나는 머리를 감았다. 가슴속에 찌든 '죄의 때'도 함께 감았다. 비누 범벅이 된 머리를 두 손으로 비비며 기도했었다.

"남은 생애는 주님을 위해 쓰일 수 있도록 해주세요."

그리고 1년이 지난 지금 이 글을 쓰고 있다. 이제 겨우 믿음의 싹이 텄을 뿐인데 내가 무슨 주제로 감히 신앙 체험기를 쓸 것인가 처음엔 당황했었다. 지금까지 살아오는 동안 남에게 가슴속 얘기를 터놓고 풀어내기보다 혼자 안으로 삭이며 산 나로선 전혀 엄두가 나지 않았다. 은혜를 받았으면 속으로 지닐 일이라 여겨온 내 삶의 모습까지도 주님은 이 기회를 통해 바꿔 주셨다. 청탁을 받고 한 달간의 시간이 흘렀다. 사양할 생각만이 가득한 내 마음이 변화되었다.

"내가 글을 쓰면 한번 후회할 거야. 그러나 쓰지 않으면 일생을 후회할 거야."

하는 생각이 머리를 강하게 사로잡았다. 그렇다. 내 글을 보고 믿을 수 없다거나 욕할 사람도 있으리라. 그러나 지금 나는 처음에 느꼈던 망설임을 버리게 되었다. 성령을

너의 꽃, 민들레를 보며

체험한 후 교만해지지 않는 나 자신을 위해, 주님의 목소
리가 상한 영혼들의 깊은 아픔을 어루만지게 되길 간절히
기도한다.

1984년 12월

마음 서성이던
그 날

어느 해 늦가을 오랜만에 해인이를 만났다. 생방송에 쫓기어 언제나 시간이 아쉬운 나도 그렇지만 수녀로서 단체 생활에 순응해야 하는 해인이에게도 만남의 시간은 넉넉하지 못했다. 언제나 오랜만에 만나도 만남의 시간은 잠시뿐, 아쉽게 헤어져 서로 돌아서곤 했는데 그날을 해인이도 나도 쉽게 돌아서지 못하고 말았다.

해인이가 수녀원으로 돌아갈 시간이 다 되어 수녀원 문 앞까지 바래다주고 돌아서려는데 문득 해인이가 물었다.

"오늘은 어쩐 일인지 그냥 헤어지기가 섭섭해. 오랜만에 풍문여중엘 가볼까?"

너의 꽃, 민들레를 보며

"나도 그 생각을 하고 있었어. 너랑 둘이서 한 번 꼭 가 보고 싶었는데 시간이 너무 늦지 않았을까?"

수녀원 앞에서 우리는 안국동으로 달려갔다.

어둠 속에 추적추적 비가 내리고 있었다.

졸업을 하고 몇 년 동안은 안국동 근처에만 가도 가슴이 설레고 여전히 그리움으로 두리번거리게 하던 어린 시절 우리들의 모교. 학교 근처만 서성였을 뿐 졸업한 후 한 번도 교정엘 들어가지 못했었다. 벼르던 참에 마침 그날, 해인이와 뜻이 통했던 것이다.

늦은 시간이라 정문인 철문은 잠겨 있었다. 의아해하시는 수위 아저씨께 사정을 해서 겨우 운동장만 한 바퀴 빨리 돌아오겠다고 말씀을 드렸다. 졸업생이라는 이유로 수위 아저씨는 승낙하셨다.

우리가 뛰어놀며 웃고 울던 그 운동장을 한 바퀴 돌아 보면서 우리의 마음은 왠지 착잡했다. 그때는 그렇듯 훤히 탁 트인 넓은 운동장이 그날은 왜 그렇게 좁고 작아 보이는 것일까. 해인이도 나도 놀랐다.

"어머, 참 이상해. 예전엔 굉장히 넓었잖아. 이렇게 좁은 운동장이 아니었잖아."

"그렇게 말이야."

"생각나니? 체육 선생님이 저만큼에서 걸어오시는 줄도 모르고 어떤 애가 그 선생님의 별명을 불렀다가 그만 그 선생님께 들켜서 단체 기합받던 일… 앉아서 귀를 잡은 채 운동장 열 바퀴씩 토끼뜀을 뛰며 돌다가 고꾸라져 울던 일 생각나니?"

"그래. 생각나구말구. 어떤 애는 기합받다가 기절한 애도 있었지? 그 앤 지금 뭘 할까?"

"그때는 토끼뜀을 뛰어도 한 바퀴는커녕 반 바퀴만 뛰어도 이 운동장이 그렇게 넓어 보여 다 뛸 수가 없을 정도였는데 지금은 왜 갑자기 이렇게 좁아 보이지?"

참 알 수 없는 일이었다. 우리는 수위 아저씨와 약속했던 사실은 잊은 채 운동장을 돌다가 계속해서 후원 쪽으로 걸어갔다. 다른 학교의 건물처럼 최신식의 높은 시멘트 건물이기보단 고색창연한 분위기에 이끌리어 어린 시절을 아늑하게 보낼 수 있었던 정신적인 고향.

이끼 긴 돌담, 기왓장, 군데군데 조금씩 칠이 벗겨져 더욱 고풍스런 단청, 처마 밑도 여전했다. 추녀 끝을 올려다보니 가버린 세월이 아쉬웠다. 가을이면 시화전으로 붐볐던 담벼락을 나는 두 손으로 쓸어 보았다.

치맛자락이 풀물에 젖는 줄도 모르고 앉아서 아름다운 시에 취해 살았던 잔디밭. 풀밭에 앉아 저녁별을 바라보며 철없던 그 시절에 나는 미래의 내 모습을 꿈꾸곤 했었다.

"이담에 내가 어른이 되어 아이 엄마가 되더라도 나는 별을 우러르는 여인이 될 거야. 별 딸기 같은 해맑은 마음으로 세상을 살아갈 거야."

중년의 어른이 되어 되돌아보는 나의 모습은 티 없던

소녀 시절에 비해 많은 먼지가 끼었다. 타작마당에 서 있는 나의 참모습은 풀썩 먼지투성이일지라도, 그럼에도 불구하고 한결같이 예전처럼, 지금까지 별을 우러르며 살아가고 있다. 모습은 어쩔 수 없이 풍화(風化)되어 간다 하더라도 마음만은 늘 별 떨기이고 싶다.

상념에 젖어 걷던 나는 우뚝 서고 말았다. 아마 그때가 중학교 2학년 때였지. 방과후 열심히 자전거 타는 법을 연습해 제법 숙달이 됐다 싶던 어느 날, 잔뜩 폼을 잡고 페달을 밟으며 달리고 있는데 마침 등 뒤에서 평소에 내가 좋아하던 한 선생님의 목소리가 들려왔다.

"언제 자전거 타는 것은 그렇게 배웠니? 달리는 모습이 근사하구나."

그 순간, 나도 모르게 선생님을 향해 뒤로 얼굴을 돌린 채 웃으며 손을 흔들다가 담 모서리를 쾅 들이받고 나가떨어지고 말았다.

그 충격이 얼마나 컸던지 무릎이 으깨진 채 피를 흘리며 쓰러져 친구들이 나를 업고 의무실로 달려가는 소동을 벌였었다. 그 정도였으니 망정이지 만약 머리를 부딪쳤다면 그때 나는 어찌 되었을까.

바로 그 문제의 담 모서리를 쓰다듬어 보며 해인이에게 내가 말했다.

"여기가 바로, 내가 정신 똑바로 차리게 된 곳이야."

어설픈 폼을 잡다가 정신을 잃을 만큼 쓰러졌었지만 그때의 쓰디쓴 체험이 살아가면서 얼마나 소중한 각성이 되었던가.

하나의 일을 완성할 무렵이면 늘 점검해 보는 습성이 길들여지게 된 것도 바로 그 체험의 덕이다.

그래도 실수 연발의 삶이니 아직도 내 정신의 모서리는 부딪쳐 깨어져야 할 곳이 많은가 보다.

우리들은 어느새 은행나무 앞에 서 있었다. 몇백 년 묵은 나무의 의연함과 마주 선 나는 얼마나 작은 존재인가.

가을이면 노오란 꽃비가 되어 흩날리던 나뭇잎을 주워 모으며 사색에 잠겼던 우리. 그때의 소녀들은 대학으로, 사회로, 긴 세월 동안 이리저리 부대끼며 잊었던 나무 앞에 잠시 돌아왔건만 한 곳에 뿌리를 깊이 내린 채, 나무는 모든 것을 순응하며 오랜 세월을 기다려 주었다. 은행나무는 고목으로 죽어가는 나무가 아니라 변함없는 친구, 자애로운 스승으로 나를 품어 주었다.

"은행나무가 내려다보이던 저 유리창, 바로 저곳이 우리가 문예반으로 꿈을 키우던 곳이구나."

"내친김에 옛날에 우리가 한 반이었던 그 교실에도 올라가 보자."

둘이 손을 꼬옥 잡고 우리는 본관 건물로 살금살금 들어갔다. 본관 현관 앞에서 가지런히 신발을 벗어들고, 누가 먼저랄 것도 없이 발뒤꿈치를 들고 발소리가 들릴세라

너의 꽃, 민들레를 보며

조용히 이 층으로 걸어 올라가는데 가슴이 콩콩 뛰었다. 무릎을 꿇고 앉아 기름걸레질을 하며 초를 바르고 얼마나 문지르고 문지르던 마루이던가.

긴 복도, 예전과 한치도 변함없이 그대로인 쪽마루.

윤이 반질거리는 쪽마루에 우리의 모습이 비칠듯했다. 우리들은 거기에 서서 유리창을 통해 그 옛날, 우리가 함께 정답게 공부하며 그리움을 키우던 어린 날의 교실을 바라보았다. 교실 앞의 칠판도, 탁자도, 우리들이 쓰던 책상과 걸상도 옛모습 그대로였다.

"세상에, 어쩜 이렇게 그대로일까. 하나도 변함없이."

"니가 앉았던 자리가 저기 저 자리였지?"

"응, 니 자리는 여기였잖아."

"어머나, 난로두 그때 그 난로 그대로잖아."

"그때 우린 조개탄을 땠었는데… 생각나니?"

"그럼 생각나구말구. 아이들이 난로 옆으로 바싹 다가앉으려고 의자를 잡아당기고 야단이었지…."

"콩장이랑 김치뿐인 도시락을 차곡차곡 쌓아 놓으면 맨 밑의 도시락은 다 타서 공부 시간에도 김치 타는 냄새가 진동을 하고… 그 추운 겨울에도 선생님께 김치 냄새 풍긴다고 야단맞고 할 수 없이 창문 열어 놓은 채 달달 떨면서 공부했었지."

유리창문을 통해 교실을 들여다보면 회상에 잠긴 우리는 영락없이 중학생 그대로였다.

저 유리창을 얼마나 호호 불며 닦았던가.

과꽃이 하늘하늘 아름답던 저 탁자.

안개꽃은 얼마나 순결했던가.

그때도 책 읽기를 좋아해, 아이들이 내 이름을 부르면 아름다운 꽃 앞에서 나는 신지식의 〈하얀 길〉이며 〈탱자나무 이야기〉〈감이 익을 무렵〉 등을 도란도란 읽어 주곤 했었다.

우리반 아이들은 자리에서 일어설 줄을 몰랐었지.

눈빛을 반짝이며 내 목소리에 귀를 기울여 주던 아이들. 지금은 다들 어디에서 무엇을 생각하며 살아가고 있을까.

"이러다가 수위 아저씨 찾아오시면 어떡하니?"

"아쉽지만 오늘은 그냥 가고 다음에 시간이 좀 넉넉할 때 다시 찾아와 보도록 하자."

우리는 몇 번이고 뒤돌아보며 두 손을 잡은 채 정든 교실 앞을 떠났다.

"혹시 숙직하시는 선생님께 들키면 어떡하니?"

"그럼, 우린 졸업생이라고 말씀드리지 뭐. 설마하니 쫓아 내시겠니? 이해해 주시겠지."

조마조마 떨리는 마음으로 우리는 계단을 내려와 강당으로 가 보았다.

문이 열린 채 텅 비어 있었다.

"아! 우리의 눈길이 마주친 곳이 바로 이곳이구나."

　　　　　　　　너의 꽃, 민들레를 보며

"니가 저기쯤 서 있었지?"

"응, 너는 지금처럼 긴 머리로 저기 서 있었어."

중학교에 입학하여 미처 교복을 입기 전 어느 날, 입학식 날이었다.

국민학교 내내 긴 머리였던 나는 머리카락을 자르는 것이 못내 안타까워 그날, 입학식을 하던 날도 허리까지 곱게 땋아 늘인 긴 머리인 채로였다. 당분간은 교복도, 단발머리도 잠시 보류인 채로 학생들의 자유로운 차림을 학교 측에서도 묵인해 주었었다.

단상에서는 교장 선생님의 담화가 한창인데 저만큼 비스듬히 한 아이가 나를 바라보았다. 수많은 아이들 틈에 서서 무심히 나를 바라보던 그 아이.

나도 무심히 그 아이를 바라보았다.

순간, 우리 둘의 눈길이 마주쳤다. 우리는 그 눈빛을 바라보며 서로 미소를 띠웠다. 그때 내 마음속에서 나도 모르게 움트던 생각 하나가 있었다.

'저 아이랑 한 반이 되면 참 좋겠네.'

그날은 그렇게 헤어졌다.

며칠 후 반 편성을 하게 되었다. 배정이 된 교실에 올라가 무심히 두리번거리는데 한 아이와 눈길이 마주쳤다.

아! 그 아이.

우리는 둘이, 서로 바라보며 환하게 미소를 띠웠다.

옛날의 그 아이.

우리둘이는

그러나 이제는 검은 옷의 수녀가 되어 내 곁에 서 있는 해인. 한 반이 되고 싶었던 작은 소망이 열매를 맺어 지금에 이르기까지 하나의 신앙 안에서 영적으로 더욱 깊어진 우리 두 사람.

수녀가 되기 위해 도중에 전학을 가야 했던 몇 년 동안의 결별은, 어른이 되어 믿음 안에서 사랑의 자매로 결속됐다.

텅 빈 강당의 이곳저곳을 돌아보았다.

처음으로 우리 둘의 눈이 마주쳤던 만남의 장소, 강당이 그토록 소중하게 느껴졌다. 단상으로 올라가는 작은 계단도 예전 그대로였다. 나는 조심스레 그 계단을 디뎌 보았다. 한 계단, 한 계단 오를 때마다 고마움이 벅차올랐다.

그때와 똑같이 바로 그 자리에 앉아 있는 그랜드 피아노. 합창경연대회 때면 나는 늘 이 그랜드 피아노를 치며 반주를 맡곤 했었다. 우리반은 언제나 일등이었고 피아노 반주 개인상은 언제나 나의 독차지였다.

그때처럼 피아노 앞에 앉아 보니, 어릴 때 함께 부르던 아이들의 노랫소리가 강당 가득히 메아리치는 듯했다.

"한양으로 떠나는 이 도령과 눈물의 이별을 하던 곳이 바로 이 무대였구나."

개교기념일에 막을 올렸던 연극 〈춘향전〉 때문에 여학교 때의 나의 별명은 춘향이었다. 고운 갑사 한복에 싸여 옷고름에 눈물을 적시며 목이 메어 이 도령을 부르던 그 이별 장면이 생각났다.

"서방님, 이제 가면 언제 오시나요."

흑흑 우는 시늉을 하며 내가 이 대사를 읊자 옆에서 해인이가 깔깔 웃었다. 그때는 선생님들도 아이들도 눈물바다가 됐었는데, 참 아까운 지난날들이 다 가버렸다.

"지금 거기다 조명을 비추면 참 멋있을 거야."

재미있어하며 해인이는 계속해서 깔깔 웃었다. 나도 그만 웃음이 터졌다.

"애, 여기 이 자리에 이렇게 서서 문학회 때면 우리가 시 낭송을 하던 때가 생각나니?"

"그럼, 생각나구말구."

초롱초롱한 눈망울로 총명과 현숙, 지혜를 열망했던 어린 시절엔 모든 것이 풍요로웠다. 아름다운 예술에 마음껏 도취될 수 있었던 사랑의 나날들이었다.

그러나 차츰 철이 들어가면서 느낀 삶의 길은 아득히 멀었다. 보일 듯 보이지 않는가 하면, 보이나 다시 돌아서야 할 때도 많았다.

탄탄하고 넓은 길이 다 길은 아니었다. 삶의 오솔길을 걸을 때 자신의 참모습과 마주칠 수 있었다.

진정한 소유는 많이 가졌을 때가 아니라 아무것도 갖지 않은 텅 빈 상태임을 깨달았다. 비어 있다는 느낌조차 갖지 않을 만큼, 아무것도 없음과 완전한 일치.

우리둘이는

두 주먹 쥐고 세상에 왔다가 누구나 떠날 때는 두 손 벌린 채 마지막 길을 간다. 아주 가는 그 길에서 허겁지겁 당황하지 말고 아까운 것일수록 풀어 주어야겠다.

사랑은 소유가 아니므로.

속박이 아니므로.

강당을 나와 운동장을 돌아 교문을 나서며 우리는 서로 아무 말을 하지 않았다. 말없이 걷다가 우리는 학교 건너편에 있는 어느 빌딩 안으로 들어갔다.

누군가의 그림 전시회가 열리고 있었다. 전시장을 한 바퀴 돌아 약속이나 한 듯이 창문 앞에 서서 길 건너편을 바라보았다. 담 너머 보이는 운동장, 기왓장, 은행나무.

"아까는 왜 그렇게 운동장이 좁고 작아 보였을까. 교실의 의자도 책상도 텅 빈 강당까지도…."

그것들은 작은 것이 아니다.

우리들이 너무 자라 버린 것이다.

성급한 기대가 너무 컸기 때문이다.

나는 그날, 희뿌연 안개비에 가리워진 창문 너머로 사물을 보는 눈을 새롭게 떴다.

그리운 것일수록 너무 가까이 다가서지 말자.

너무 가까이에선 오히려 참된 실체를 볼 수 없다.

얼마쯤의 거리. 너무 멀지도, 너무 가깝지도 않은 얼마쯤의 거리를 통해서 그리운 것의 실체는 볼 수 있다.

너의 꽃, 민들레를 보며

그날 우리는 학교 부근을 서성이며 뒤돌아보다가 안국동에서 경복궁 앞을 지나 삼청동에 이르는 그 길목을 얼마나 오고 가며 많은 생각에 잠겼는지 모른다.

한 번만 더 걷고 돌아서려 했으나 어느새 우리는 수십 번이나 그 길목을 오르내리며 걷고 말았다. 안개비는 진눈깨비로 변해 푸실푸실 내리고 있었다.

해인이와 나는 돌아가야 할 수녀원도, 집도 잠시 잊어버리고 옷자락이 진눈깨비에 젖도록 무작정 걸었다.

헤어질 줄 모르고 마음 서성이던 그 날에.

지금,
그리고 영원히

한 영혼과 영혼의 마주침.

친구, 우정이란 말을 생각할 때마다 내 가슴의 메아리 치는 속 울림.

묵은 편지함을 열어보니 오롯이 정이 배인 숨결들이 옛 모습 그대로 차곡차곡 쌓여 있다. 어린 시절, 중학교에 갓 입학한 두 철부지의 영혼을 신은 깊은 만남으로 맺어 주셨다. 강당에서 우연히 마주친 영혼과 영혼의 눈길, 단 한 번 마주친 눈길에 철없이 같은 반이 되길 소망했고, 신 은 우리의 작은 소망을 이루어 주셨다. 중학교 일학년, 같

너의 꽃, 민들레를 보며

은 반이지만 서너 자리 건너 떨어져 앉았던 우리 두 사람.

어느 날 학교에서 집에 돌아오니 나에게로 편지 한 통이 날아와 있었다. 학교에서 주고받는 낙서 쪽지 외에, 내가 세상에 태어난 뒤 처음으로 받아본 꽃 편지. 봉투에 붙여진 우표를 가슴 설레며 바라보던 기억이 지금도 생생하다.

학교에서 만나면 교실에서, 복도에서, 운동장에서 우린 말도 없이 스쳐 지나갔다. 서로 잠시 미소만 지을 뿐…

그러나 집에 돌아오면 하루도 빠짐없이 정성 어린 편지 한 통이 기다리고 있었다. 매일매일 우린 일기를 쓰듯, 서로의 마음을 주고 받았다.

어쩌다 편지를 받지 못한 날은 우울한 저녁이 되어 버릴 만큼 우린 서로의 글을 간절히 기다리곤 했었다.

도중에, 중학교 3학년 때 부산으로 전학을 가버린 친구 해인이. 서로의 길은 나뉘었으나 고등학교를 졸업할 무렵까지 우린 서로의 글을 주고받았다. 내가 대학생이 된 뒤 우린 몇 년 동안인가를 서로의 소식을 모르고 지냈다.

대학을 졸업하고 다시 몇 년이 지난 어느 날, 지금의 환이 아빠와 함께 명동의 어느 골목을 지나가다 우연히 마주친 수녀 한 사람. 소식은 알 수 없어도 수녀가 되리라고 이미 예상은 했던 친구였지만 골목에서 불현듯 마주친, 수녀가 된 옛 친구의 모습 앞에 나는 막막했었다.

그렇게 오랜 세월이 흐른 뒤에 마주친 그리운 모습…. 그러나 우린 서너 마디인가를 서로 어색하게 안부를 묻다가 돌아서고 말았다. 아마 그때의 해인이는 어쩌면 청원 수녀 기간이 아니었나 생각된다.

한 사람의 완전한 수녀가 되는 길이 얼마나 멀고 아득한 세월이 흐른 뒤에야 이루어질 수 있는가를 나는 이제야 알게 되었다.

청원 기간을 거친 후 종신서원을 할 때까지의 견딤의 세월. 그 오랜 세월을 견디어 낸 해인에게서 종신서원을 하게 되었다는 편지를 오랜만에 받았다. '종신서원을 하는 날, 꼭 너의 얼굴을 보고 싶다'라는 해인이의 간곡한 편지를 받고도 나는 수녀원에 가지 않았다.

철없이, 그저 영 이별인 줄만 알고….

친구의 길을 멀리 떨어져서, 서울에서 묵묵히 축하해 줄 수밖에 없었다.

환이 아빠와 결혼을 한 뒤, 신혼의 어느 날 해인이는 갈현동의 나의 보금자리로 찾아왔었다.

"우리 수녀원의 수녀님들이 즐겨 부르는 노래가 하나 있는데 참 좋더라. '모닥불 피워놓고 마주 앉아서…' 라는 노래인데 아주 곱고 좋더라."

나는 멍하니 해인이를 바라보았다.

"수녀님들도 그 노래를 잘 부르지만 내가 아는 어느 신부님도 그 노래를 아주 잘 부르셔. 기타를 치시면서 신부님이 그 노래를 부르시는데 얼마나 듣기 좋은지 몰라."

나는 여전히 멍한 채로 해인이의 애기를 들었다.

너의 꽃, 민들레를 보며

"너 혹시 그 노래 아니?"

나는 말 없이 고개를 숙인 채 웃었다.

"수녀님이나 신부님의 노래소리도 참 좋지만 언젠가 라디오에서 그 노래를 원래 부른 사람의 목소리를 들어본 적이 있어. 티 없이 깨끗한 목소리더라."

가슴이 뜨끔했다.

"가냘프면서도 여운이 담긴 목소리야. 네 목소리처럼… 네가 한 번 그 노래를 불러 보면 참 잘 어울릴 텐데… 너두 노래를 좋아했었잖아? 신부님이 가만가만 기타를 치시면서 그 노래를 부르실 때 네 생각을 해봤어."

"그 노래를 처음 부른 사람이 누구인 줄 아니?"

"누구라더라… 이름을 들어본 것 같은데 누구인지 자세히 모르겠어. 일하다가 그냥 무심히 들어서… 그 사람이 누구인지 넌 알고 있니?"

해인이의 반문에 오히려 나는 아무 말을 못했다. 우리는 그저 멍하니 서로 바라보았다.

잠시 후 나는 일어섰다.

그리고 한 장의 레코드, 그 노래 '모닥불'이 담겨진 표지의 사진을 해인의 앞으로 조용히 내밀었다.

해인이와 주고받은 수많은 편지들.

결혼을 한 뒤에도 나는 해인이의 편지들을 한 장도 버리지 못했다.

이삿짐을 정리하며 자질구레한 것들을 아낌없이 버려

야 했을 때도 해인이의 편지만은 옛 모습 그대로인 채 정
성껏 싸서 깊이 묻어두었다. 중학교 일학년 때의 첫 편지
도 그대로 잘 간직하고 있다.

연분홍빛, 풀빛, 하늘빛, 하이얀빛… 어린 시절의 꿈들
을 다시 보는 듯하다. 바다 내음, 파도 소리도 들린다. 구
름이 흘러가는 모습도 보인다.

오랑캐꽃, 도라지꽃, 연한 보랏빛 추억. 편지 속에 넣
어 보내준 고운 상본들. 그리움의 메아리.

마른 갈잎, 들꽃들의 숨결. 한때 머물다 스치고 간 자
국이 아니다. 한 영혼과 영혼의 마주침.

'살아있음'의 의미를 일깨워 주는 것.

지금, 그리고 영원히.

너의 꽃, 민들레를 보며

마른 꽃잎,
그대로

'심우(心友)에게.'

손바닥만 한 노란 카드엔 갸름한 글씨가 나를 바라보고 있다. 장미꽃, 네 잎 클로버, 보랏빛 들국화, 나뭇잎을 곱게 말려 붙인 고운 마음 그대로 정성을 다한 카드. 30년 가까운 긴 세월이 흘러가 버렸다는 사실이 조금도 실감되지 않을 만큼 꽃잎 하나, 잎새 하나, 글씨 한 획에 이르기까지 떨어지지도, 변하지도 않은 채 옛 마음 그대로이다.

해인이가 만들어 보내준 꽃잎 카드엔 이렇게 적혀 있다.

'마음 변치마. 응, 1960년 어느 날.'

아기 예수를 품에 안고 있는 마리아의 그림 카드. 행운을 빌어주는 따스한 마음씨가 깃들어 있다.

　사랑하는 벗에게.

　너의 앞날에 영원한 행복이 있기를 빌며…

1959년 12월에

　단기 4293년이면 세월이 얼마나 흐른 것인지 햇수를 정확하게 헤아릴 수가 없다.

　잉크 하나 변하지 않은, 세월의 흐름.

　해인이의 가냘픈 손가락으로 붙이고 또 붙였을 마른 잎들, 꼭꼭 누른 흔적이 그대로 느껴지는 풀꽃 카드. 안개꽃, 아카시아, 두 개나 큼직하게 붙어 있는 행운의 네 잎 클로버. 별을 사랑하는 나를 위해, 해인이는 나에게 마음을 적어 보낼 때마다 '별에게'라고 불렀다.

　별빛처럼 행복은 언제나 내일과 더불어 있는 것.

　별아!

　우리 참된 삶을 위하여 힘껏 노력하자.

　꿈과 희망과 의지를 잃지 말고 어떠한 고난 속에서도 보다 나은 우리의 생을 위해서 언제나 분투하자.

4293년 5월 30일

　(카드를 가까이 들고 내음을 맡아보니 아직도 마른 풀 내음, 아카시아 꽃 내음이 은은하다.)

너의 꽃, 민들레를 보며

봄 호수야.

희망의 새해엔 더욱 쓸모 있는 포도송이의 꿈이 이루어지

길 빈다.

너와 내가 함께…

참말, '별'은 꼭 멀리 있어야만 아름다운 거니?

항시 평안히.

4294년 12월

(봄에 태어난 나를 위해 가까운 사람들이 불러준 어릴 때의

나의 이름이 '봄 호수'이다.)

백합꽃 속에서 미소를 짓고 있는 성녀 테레사. 십자가

와 수녀복, 손에 들고 있는 백합꽃의 모습이 선명하다.

1896년의 성녀 테레사의 모습이다.

이 사진은 해인이가 무척 아끼던 사진이다. 사진 속에

작은 네 잎 클로버를 붙여서 유리 종이로 정성껏 싼 채 내

게 보내주었다.

하얀 코스모스 꽃잎도 붙여진 채 그대로이다. 꽃 사이

에 푸른 잉크빛으로 자그마한 십자가 하나를 그렸다.

봄 호수야. 난 무어라고 먼저 너에게 말해야 좋을지를 모

르겠어. 무엇인가 너를 향해 기는 나의 감정을 드러내기

위해서 이렇게나마 글을 띄우는지도 모르겠어.

오늘따라 산과 바다의 푸르름이 얼마나 그리워지는지…

우리둘이는

생명이 있는 우정을 이룩할 수 있다는 것이 얼마나 어려운 것인가를 나도 많이 생각했어. 원만한 우정을 이룩하기 위해서는 너와 나 모두가 일심전력해야 할 줄 믿어.

너에 대한 나의 감정이 아무런 티 없고 맑고 깨끗한 것이 되기를 바라며,

4294년 12월 9일

참말 사무치게 보고 싶은 동무야!

진달래 꽃망울이 터져 가고 있을 무렵, 어쩜 진달랫빛과 흡사한 그 애의 사연들을 받고 난 울고 싶지도 웃고 싶지도 않은 멍한 마음이었습니다. 이런 내 마음이 그에게 미처 회신을 하기도 전에 이번엔 또 보리밭의 푸른 빛을 연상케 하는 그 애의 사연을 받은 겁니다.

진작 그에게 편지를 보낸다는 것이 매일 낙서만 끄적이다 말았던 안타까움으로 끝나 버리고 말았는데 이제 난 참말 차근하게 가라앉은 순한 마음으로 내 정다운 그 애에게 편지를 쓰고 있는 것입니다. 봄밤이 차츰 짙어가고 있는데 지금 밖에선 기다리지도 않던 봄비가 어쩌면 메마른 내 가슴속을 위하여 내리고 있습니다.

봄 호수, 봄 호수라는 애.

그 앤 다른 말 다 제쳐놓고 지금 내가 '제일로 보고 싶은 사람'이라고만 생각하면 됩니다.

내가 그를 보고 싶다는 것이 그 애가 미워서인지 좋아서인

너의 꽃, 민들레를 보며

지도 모를 정도로 나는 참말 그 애가 보고 싶습니다.

요사이는 더욱…

왜냐하면 이번 우리 고등학교 신입생 중에서 어쩌면 그 애와 퍽도 비슷한 애를 발견했기 때문인지도 모르겠습니다.

매일 매일 그 애를 볼 때마다 '봄 호수야!'라고 마음속으로 불러야 할 만큼 둘이는 서로 닮았으니까요.

(김천으로 전학을 간 후 보내온 해인이의 편지다. 일기를 그대로 나에게 보내주었다.)

자줏빛 할미꽃에 봄을 부친다.

(하얀 종이가 접힌 채로이다. 곱게 풀어보니 해인이의 표현 그대로 곱게 마른 자줏빛 할미꽃이 들어 있다. 활짝 핀 상태가 아닌, 피려다 만 봉오리인 채로. 보송보송 솜털까지 어쩌면 옛 모습 그대로인지…)

봄 호수야!

밤도 깊었어.

어디선지 귀뚜리의 울음소리가 가을의 서정을 알리는 것 같애. 내 오늘 밤도 너를 위해 기쁜 마음으로 성호를 긋고 사랑의 노래를 읊어야지.

그럼 안녕. 기구 중에 익어가는 우정의 열매.

1961년 8월 27일 밤에, 벨라뎃다

우리둘이는

정들은 친구에게

봄 호수야!

정말로 오랜만에 불러보는 너의 이름 두 자구나.

그간 아무런 별고없이 잘 있었을 줄로 믿어. 내가 정든 사람들이 살고있는 정든 서울을 슬픈 마음으로 떠나온 지도 벌써 한 달이 넘어가고 있다. 처음엔 그저 낯설기만 하던 이곳의 생활도 이젠 많이 익숙해졌어.

내가 있는 곳은 평화로운 곳, 조용한 곳이야. 사방이 산으로 둘러싸여 있고 비둘기가 많은⋯

(1960년 12월에 보내준 이 글은 중학교 3학년 때 부산으로 전학을 간 뒤 내게 보내준 편지 중에 잊혀지지 않는 구절이다.)

내 마음속에만 곱게 피어나는 비망초!

어제 한 잎 두 잎⋯ 허공에서 맴돌다 떨어지는 낙엽 속에 차곡차곡 그리움이 쌓이는 계절이 점점 익어가고 있는데 요사인 더욱더 비망초가 보고 싶어 애를 태운다. 그 비망초는 내가 무엇보다도 가장 사랑하는 풀이었더란다.

가슴속에도 그 풀을 고이 간직하며 살고 싶어 했어.

'그늘에 피는 꽃!'

너의 소설 당선을 진심으로 축하해. 무슨 말로서 축하해야 할 지. 그저 기쁘다는 마음밖엔 느낄 수 없구나. 그렇게도 알뜰한 사랑으로 나를 생각해주는 소녀야! 그리스도의 이름 안에서 제일 사랑하는 벗을 '너'라고 말한다면 기뻐할 수 있겠

너의 꽃, 민들레를 보며

니? 어떻게 하면 좀 더 네게 기쁨을 줄 수 있을까를 늘 생각하고 있는 숙이란다.

학교도 학교지만 우리 수녀원의 아름다운 정경을 무어라 표현해야 좋을지 모르겠어. 내 마음속에 그대로 사진을 찍어 두었다가 너한테 보여 주고 싶구나.

아침저녁, 싸늘한 바람결이 뺨을 스치면 이제 곧 다가올 겨울을 느끼고, 며칠 안 있으면 너와 헤어졌던 그 날이 다가오는구나. 어느새 그 많은 시간이 덧없이 흘러갔을까. 멀리서 배달부를 보기만 해도 공연히 기뻐지는 마음이야. 시간 있으면 또 쓸게. 떨어지는 나뭇잎에라도 써서 보낼게. 참 허무한 소리지? 네가 불러주는 아름다운 노래를 듣는 이 밤. 그 노랫소리에 난 가슴 뿌듯한 행복을 느껴본다.

다시 얘기할 때까지 내내 안녕—

뜰에서 주운 잎사귀, 고와 보이기에 보내본다.

1961년 11월 12일 밤
너의 벨라뎃다

(비망초는 잊어버리지 않는 풀이라고, 편지 속의 해인이는 나를 비망초라 불러주었다. 석 장의 깨알 같은 글씨, 하얀 편지 속의 노오란 은행잎 한 장. '봄 호수야'라는 푸른 글씨가 지금도 나를 부르고 있다. 또 한 잎의 이름 모를 낙엽 속엔 '비망초'라고 쓰여진 해인이의 속삭임이 들린다.)

주 안에 사랑하는 나의 봄 호수야!

이 하얀 백지 위에다 무엇을 그려야 할 지를 한참 망설였단다. 과연 난 무엇을 그려 담을까? 곰곰이 생각하다 마침내는 내 가난한 마음을 담기로 결심했어. 무엇보다도 난 마음을 주고팠으니까… 꼭 받아 주겠지? 기쁜 마음으로 말야.

한없이 얘기하고픈 벗!

기구 중에 잊지 않을테야.

항시 꾸준한 노력에 성덕을 쌓아야겠지. 우리 모두 다 그럼, 만날 그날이 올 때까지 안녕, 안녕.

1961년 12월에

너의 벨라뎃다

사랑하는 비망초!

항시 고웁게 피어나려마.

별빛인 너.

사랑의 벗이여.

1962년 벨라뎃다

향아.

창문을 열어.

그리고, 너와 내가 한 마음처럼 저 하늘을 우러러 마음의 고향을 만들고. 싱싱한 푸른 수목을 보며 무성한 꿈을 키우고…. 그래서 너와 난 행복한 소녀.

너의 꽃, 민들레를 보며

삶에 숨가쁜 마음들이

웃음을 날리며

눈물을 뿌리며 걸어 온 길 위에서

텅 빈 항아리처럼

빛을 잃고 외로웠던 나

허나 이젠

별빛보다 더 초롱한 가슴으로

강물보다 더 파래진 마음으로

하늘을 안은 너처럼

싱싱해지는데…

내 〈나무〉의 일절이었다. 향아.

윤기 흐르는 초록 잎잎마다에 우리도 밝은 눈짓을 보내야지. 그래선 항상 젊고 고웁게 사랑하며 살아가야지.

너의 숙

(하늘빛 고운 종이 위에 적어 보내준 해인이의 글. '향아'라는 이름은, 나의 별명이었던, '춘향'의 끝 글자이다. 숙(淑)이라는 이름은 해인이의 본명이 이명숙이다.)

봄 호수야 보렴!

이름 그대로 봄의 호수같은 네 마음. 네가 보고픈 마음. 또 달려가고픈 마음은 한이 없었단다.

그렇지만… 한 학년 더 높아진 춘향 아씨를 이곳에서 축하

우리둘이는

해. 비망초는 봄빛을 먹고 더욱 키가 컸을 거라고 생각을 해. 요사인 우리 예수님의 수난을 묵상하면서 부활들 기다리는 봉재 시기가 아니니? 사실은 40일이 지나고 드높은 알렐루야 노랫소리와 함께 너를 찾으려고 했었는데 너무 궁금하고, 기다리고 있겠기에 간단히 몇 자 적는 거야.

너도 양해할 수 있지, 응?

3월 15일! 특별히 너를 위해서 미사 참예했단다. 왜 기억을 못 했겠니? 제일 좋은 '선물'을 네게 바쳤는데 말야.

오늘은 긴 사연 못 적겠어. 부활의 기쁨 속에 다시 너를 찾을게.

봄빛이 점점 짙어가는가 봐. '사랑의 노래 들려온다. 옛날을 말하는가. 기쁜 우리 젊은 날…' 고운 소리로, 이 노래를 불러주던 너를 잊은 적은 없었단다.

그럼 안녕!

사랑의 성심 속에서 1962년 3월 벨라뎃다

(도라지꽃 같은 보랏빛의 편지를 보고 있으려니 지금도 눈이 시리다.)

나의 비망초!

사랑하는 심우(心友)!

하얀 바람을 껴안고 푸른 보리의 꿈이 한껏 영글어 갈 때 너의 숙이는 하늘에 누워 오월을 마실 테다. 별빛보다 더 초롱한 가슴에 꿈을 수놓으며 강물보다 더 파래진 마음으로 희

너의 꽃, 민들레를 보며

망을 호흡하며 푸른 오월을 마실 테다.

　애야! 저기 저 계절의 언덕 위에 푸른 물결처럼 출렁이는 따스운 바람 속에서…

　우리 이제 하늘을 안은 오월의 해심(海心)처럼.

　하늘을 안은 오월의 수목처럼, 정말 싱싱하게 정말 푸르게 살아가야지, 응?

1962년 5월 4일

푸른 갈대의 모습을 닮은

너를 생각하며

　'누나 ―

　이 겨울에도 눈이 가득히 왔습니다.

　흰 봉투에 눈을 한 줌 넣고

　글씨도 쓰지 말고 우표도 부치지 말고

　말쑥하게 그대로 편지를 부칠까요?

　하는 윤동주 시인의 시 〈편지〉를 생각.

　봄… 호수야…

　어쩜 꼭, 흩어진 메아리 속에서의 사랑하던 이름이었다고 느끼면서 허구한 날들을 하나도 외롭지 않게(?) 보내야 했던 마음이란다.

　어느 시인이 이렇게 표현했지?

　'참으로 기다림이란 차고도 슬픈 호수 같은 것'이라고.

우리둘이는

참말 퍽도 오랜만에 찾아 준 너의 글씨를 보고 한참을 멍하니 서 있었던 나는, 그것이 나로서 느낄 수 있는 가장 큰 기쁨이기를 염원하는 마음이었더란다.

하나도 보고 싶지 않은 미운 가시내.

꼬집고 싶도록 야속한 계집애―.

가끔 생각하는 시간이 생길 적마다, 아니 어쩜 꼭, 갈대의 모습을 닮은 네 얼굴이 생각날 적마다 나는 너를 원망하고만 싶었던 거야. 그러니까 벌써 2년 전 겨울, 네가 보내준 그 묵은 일기장을 보랏빛 종이로 포장을 하고, 몇 번이나 읽어 보았고. 가을이 다 가도록 종내 소식을 주지 않던 너를… 난 그저 무턱대고 미워(?)한 거라니까. 허나 이젠 그동안의 지루했던 시간들일랑 깨끗이 잊어버리기로 했어. 《교우지》에 실린 글은 참말 감탄하고 싶은 마음이야. 너의 글 〈독백〉을 읽고서.

좀 더 기다리는 사람, 진정 기다릴 줄 아는 사람이 되고 싶다던 너.

기다리는 마음과 보고 싶은 마음은 날이 갈수록 어떻게 되는 걸까?

이곳 수녀님들 다 안녕하시고 자매들도 안녕. 숙이만큼이나 너의 마음을 반가워한 그들이었어.

잔뜩 쓰려고 했던 말들이 모두 어디로 날아갔는지 오늘도 그저 하얗게 비어만 있을 내 마음 한구석에다 기쁨의 꽃처럼 너를 피우며 이만 안녕할 테야.

　　　　　　　　　　너의 꽃, 민들레를 보며

마리아여

무엇이고 저희를 위해 일으키소서

저희는 보다 높아지고 싶습니다

눈부신 빛과 같이

노래와 같이…

－릴케의 〈소녀들의 기도〉에서

봄 호수야 안녕.

춘향 아씨 안녕히…

1962년 11월 첫눈이 내린 날,

벨라뎃다가

우리둘이는

봄 호수에게

봄 호수야!

이 종이의 푸른 색깔이 퍽 다정하게 느껴지지 않니?
서울까지 가서 아예 너를 못 보고 내려온 나. 원망해도 괜
찮아.

가끔 꿈에서 너를 보고 기뻐하던 순간. 너는 왜 자꾸
멀어지는 '별' 같이만 느껴지는지. 대체 누구의 탓일까?
이건 네가 무척도 보고 싶은 이 마음. 보고 나면 어떨까?

난 자꾸 너를 처음 보던 중학교 시절로 마냥 뛰어가 버
리고만 싶단다. 그렇듯 순수했던 동심의 세계. (성장한다는
것은 확실히 슬픈 일인가?) 바람이 차가운 밤거리를 숨 가

너의 꽃, 민들레를 보며

쁘게 걸으며 너는 아마도 지금쯤 명숙일 잊어가고 있겠지 하고 문득 생각해 본 마음.

방금 막, 얼마 전에 준 네 분홍 글 읽었어. 건강하라고. 너도 역시.

무슨 대학 가니? 참, 나는 다시 상경할 거야. 우리 입시 끝나고 기쁘게 만나자.

봄 호수야….

진실해야 되구, 건강해야 되구, 그리고 또…, 계집애. 거짓말. 너 시집가면 날 금방 잊어버려요. 잊어두 괜찮다니까.

공부 많이 해. 네 졸업식 때 갈 수 있음 좋겠는데…(조금 기다려 봐. 응?)

내 동무, 내 동무…. 머리가 노랗던 어렸을 적… 내 동무… 봄 호수야 안녕!!

1963년 벨라뎃다

항상 사랑 안에서…

1963년 6월 2일

빨간 장미의 숨결에 계절이 익어간다.

향이야.

하얀 아카시아 꽃이 다 피었다 지도록, 보랏빛 난초 꽃이 그늘에서 울고 가도록 그간 서로가 말이 없었구나 우린. 오늘은 참말 착하고 순한 마음으로 멀리 있는 나의 향이 앞에 무슨 얘기고 하고 싶어서.

편지 보따리 찾아 너의 글씨 다시 한번 새겨보고 이렇게 너와 마주한 거야.

그동안 무슨 별고는 없었는지?

참. 그 전에 내가 경주에서 짧은 엽서 한 장 보낸 거. 그땐 제2회 신라문화제 백일장이 있었던 거야. 퍽 다채로운 프로들이 많았었는데.

향이야.

각 처에서 모여든 많은 경쟁자를 물리치고 내가 장원이란 영광을 차지했다면 넌 누구보다도 기뻐해 줄 테지?

지금은 이미 가버린 일이지만 그때의 기쁨은 참으로 컸기 때문에 마악 팔짝팔짝 뛰어야만 했었더란다.

이제사 소식 전하는 거 용서해 주어.

내가 기쁘면 너도 기쁘고.

네가 기쁘면 또 나도 기쁘고.

이렇게 해서 우린 까만 머리 하얗게 되도록 마음은 항상 젊어가야 되지?

향이야.

참말 보고 싶다. 애.

요즈음 우리, 뒷산에선 글쎄… 뻐꾹 뻐꾹… 울음 소리가 어찌나 애를 태우는지. 어젠 그 소리에 묻혀 조그만 개울에서 빨래를 했잖니. 그랬더니 그 물가엔 온통 지나간

날의 그리운 추억이 동그란 파문을 내면서….

아이. 언제 이렇게 많은 날이 나를 두고 떠나 버렸을꼬.

향아.

그러니까 너와 내가 얼굴을 마주했던 그 날부터 꼬박 365일이 5번이나 회전했고 또 많은 날도 지금은 여섯 번째의 6월.

우리가 어렸을 적 그땐 세상 모든 것이 다 맑게만 보였고, 우린 국민학교를 갓 나온 귀여운 작은 아씨들.

희망에 가득 찬 파란 중학교 입학식 날.

숙이의 바로 앞의 앞에서 수줍은 미소 곱게 띠던 그 애가 누구일까?

향아.

그런데 지금은 야속한(?) 세월이 너와 나의 상면을 멀리해놓고… 그러나 마음은 가까이.

바로 조금 전, 내 대녀가 다녀갔는데 그 앤 어느 선생님이 일러주셨다는 '거리가 멀어질수록 마음은 더 가까워진다'라는 말을 그대로 확신하고 있다나.

향아.

우리도 똑같이 이 말을 믿지 않을래?

뼈에 저리도록 생활은 슬퍼도 좋다.

저문 들길에 서서 푸른 별을 바라보자.

하는 석정의 시구와도 같이 향이와 숙이도.

요즈음 학교 생활은 어떤지. 요새도 습작하니?

참 입시 준비에 퍽 바쁘겠네.

혹 가다 《학원》에서 너의 이름을 발견하면 마치 내 이름 본 것처럼 반가웠어. 그동안 신문이라도 발간된 게 있으면 좀 보내주려무나. 퍽 보고 싶은데.

이곳 화원엔 지금 장미가 한창인데, 향이야. 너 잠깐 여기 머물다 가지 않을래?

언젠가 그날. 너와 나. 고운 모습으로 만나자.

그럼 안녕.

차가운 호숫가에서 오늘도 향이와 나.

1963년 6월 2일

(여고시절 때, 나의 생일을 축하해 주기 위해 보내준 짧은 글에는 빨간 장미 한 송이가 들어 있다. 내 가슴을 울리던 장미 한 송이와 함께.)

주의 사랑.

문득 보고 싶은 마음에 글 띄운다.

어젯밤 꿈에 너를 보았고, 또 오늘은 어느 시화전에 갔더니 너의 '끝이 없는 길'인가 하는 노래가 흘러나오고 있더라. 노래는 잘 몰라도 네 목소리 들으면 즉시 알고 있다.

서울도 춥겠지만 부산도 제법 바람이 차다. 정순이도 가끔 전화를 하는데, 한 번 가 보았더니 아주 조그만 옷감

너의 꽃, 민들레를 보며

가게더구나.

지난번 네가 준 레코드는 우리 수녀님들과 같이 들었단다.

네가 내게 글 안 보낸다고 내가 화를 내는 것도 실은 내가 사랑할 줄 모르는 사람이기 때문이라는 자책감이 드는 걸 보면 좀 착해진 때문일까?

하여간 늘 기쁘고, 건강한 날들 이어가길 바란다. 아기도 잘 크는지, 너의 어머니와 미스터 신께도 인사드려다오.

시간 없으면 좀좀 전화라도 하렴. 안녕.

클라우디아

주의 사랑.

사랑하는 인희야.

너를 보고 떠나왔으면 좋았을 걸 하는 아쉬움이 떠나지 않은 채로 집에 돌아와 급히 너의 글을 찾았지만 있지 않았다. 어찌 된 건지 모르겠구나.(혹시 주소를 잘못 쓴 거 아니니?)

어제 TV를 보다가 어느 드라마를 통해 나오는 너의 '끝이 없는 길'이란 노래를 듣고 너를 생각했다.

해마다 부활하는
내 눈부신 사랑의 빛깔
진달래야

우리둘이는

네 가느란 꽃술이
바람에 떠는 날
상처 입은 나비의
슬픈 눈매를 본 적이 있니

참을 수 없는 그리움이
피가 되어 흐르는 강(江)을
너는 보았니
봄마다 앓아눕는
우리들의 지병은
사랑

아무 것도 보이지 않는다
아무 것도 잡히지 않는다

구름은 아프게
세월을 먹고

나도 노을처럼
스쳐가는 목숨인데
왜 사랑의 빛은
갈수록
나를 아프게 하니

너의 꽃, 민들레를 보며

모질게 먹은 마음도
꽃잎인 양 흩어지는
봄에는 차라리
바람이 될까

물이
피 되어 흐르는 사랑

오늘도 다시 피는
내 진한 눈물의 빛깔
진달래야

어제 따스한 봄빛 속에서 진달래를 생각하며 쓴 〈진달래에게〉라는 졸시에 내 마음을 담아 보낸다.

곧 노오란 민들레가 여기저기 피어날 테고, 한철이 지나면 또 도라지꽃도 피겠지. 꽃과 함께 늙는 인생은 가장 멋있는 기도가 될 것 같다. 며칠 전 〈민들레의 연가〉라는 수필을 하나 썼는데 언제 읽을 기회가 있을 것이야.

내가 너를 생각하는 마음은 그 어렸을 적만큼 아직도 순수하고 아름다운 것이라 얘기할 수 있다. 시집가지 않고 혼자서 구름을 보고 즐거이 살아가는 한 수녀 친구이기에 그 마음은 더 갈림 없고 더 진한 애정으로 물들 수 있는 게 아닐까.

살구꽃, 벚꽃, 복사꽃이 흐드러지게 핀 봄길을 너와 함께 걸으며 노래하고 싶구나. 병원은 지독히도 바쁜 날의 연속이다.

내게 사진 하나 안 보내줄래?(같이 찍은 것들)

엄마와 아기 아빠께도 인사드려 줘. 그럼 늘 기도 안에서 안녕!

1977년 3월 28일

명숙

인희야.

우리의 유년이 빨간 감처럼, 가을의 멀고 파란 하늘에 걸려 있구나. 까맣게 익은 분꽃씨를 받으며 공연히 울고 싶기도 하다. 난 역시 가을이 좋다.

바람에 흔들리는 풀포기 하나에도 전혀 무심할 수 없는 마음으로 나는 늘 기도를 하고 산다. 그렇게 붐비던 인파들을 다 떠나보낸 여기의 가을 바다는 얼마나 조용한지…. 바다는 오늘도 참을 수 없는 사랑을 길게 물 흐르게 하고 있다.

오늘 KBS에서 목소리 듣고, 시를 읊던 네가 다시 보고 싶어 엽서 적는다. (너는 나에 비해 정말 좀 너무하지 않니?)

지난 8월 5일에서 10월 사이에 서울에 있으며 전화 여러 번 했는데 왜 그 모양인지. 받은 이들이 아무 얘기도 안 전해 주던? 경숙이는 딸을 낳았더구나. 그 애 아파트에서 전화했는데.

우린 늘 마음으로만 보고 살라는 건가. 안녕!

1978년 9월 6일

해인이고 명숙이인 클라우디아 수녀

(새벽녘, 잠시 꿈을 꾸었다. 낙엽 더미에 내가 서서 주렁주렁 나무에 매달린 '연시'를 보았다. 하루 종일 가슴속에서 떠나지 않던 꿈속의 '연시'. 오늘, 이렇게 깊은 밤 해인이의 옛 편지 속의 한 구절을 떠올리게 될 줄이야… 이 편지를 다시 마주치려고 꿈속에선 온통 '연시'였었나?)

사랑하는 벗 인희에게.

안녕? 네가 2월 15일 자로 보내준 글은 반갑게 잘 읽었어…. 속으로 원망을 좀 했단다. 그렇게 급히 가버린 데다, 상황이 그럴 수밖에 없었겠지, 이해는 하면서도……

(중략)

지난 12월 《교보》지에 실린 글은 집으로 보냈는데 아직 못 보았을 것 같아서 오려 보낸다.

이 글 받고 즉시 귀국해야 할 상황이면 한국에 와서 부산으로 전화해. 4월 초엔 부산으로 아주 가서 살게 된 것 같아. 내가 부산에 있게 되면 부산으로 한번 와서 얘기 많이 하자.

부산에 가게 되더라도 서울에 출장을 오게 될 것 같애. 부디 건강하길 빌며 더 쓰고 싶어도 무게 많이 나갈까봐

이만 줄이고 잡지 오려 보낼게. 안녕!

변함없는 우정 속에, 해인이가

1985년 3월 2일

너의 꽃, 민들레를 보며

너의 꽃,
민들레를 보며

사랑의 친구 해인아!

보고 싶은 마음 가득하지만 네가 지금 서울에 머물고 있는지 궁금하구나. 부산, 광안리에 살고 있는 것인지 아니면 내가 모르는 어디 다른 곳으로 갔는지. 이 글을 쓰긴 해도 네가 곧 받아 볼 수 있을지… 어디에 있니? 다른 곳에 갔을지라도 혹시 졸업이 가까워 한 번쯤은 동자동에 머물 수도 있을 것 같아 그냥 이 글을 쓴다.

'복'에 관한 너의 논문은 다 잘 됐겠지. 주님이 지켜 주시니까. 너의 글, 논문도 보고 싶어. 그 밖에 《샘터》에 연재 중인 글도. 지난 12월, 떠나기 하루 전까지 안양 스튜디오에서 녹음을 하는 등 테이프 녹음에 최선을 다했으나 아직도 섭섭한 점이 있어서 잠시 보류 중이야. 사람이 하는 일에 완벽이 있을 수 없겠지만 그래도 주님께 영광을 돌리기 위한 작업이지, 내 개인의 인기를 바라는 것이 아니기에 시간이 걸리더라도 좀 더 정성을 기울여 만들고 싶어. 테이프 완성해서 너랑 같이 장충동에 계신 좋으신 신부님 한 번 더 뵙고, 그림도 다시 보고 싶었는데 무척이나 아쉬운 마음이구나.

이곳은 아름다운 5월 같은 날씨야. 한동안 감기로 고생을 했고 이젠 완쾌되어 몸과 마음 모두 평온하게 잘 지내가 있어. 너의 꽃 민들레가 여기저기 노란 웃음을 웃는 캘리포니아— 어디를 가나 나는 너를 만난다. 항상 마음속에서.

1985년 2월 15일
L.A. Berendo에서 인희

너의 꽃, 민들레를 보며

내면에서 뿜어올린
노래들

사랑하는 벗, 인희야!

오늘도 FM방송에서 흘러나오는 〈아침의 희망음악〉을 통해 너를 만났다. 〈차 한 잔의 시〉에서 너는 정말 좋은 시들만 속속 골라 읽더구나. 네 목소리를 들으면 우리들의 어린 시절이 순수하고 아름다운 빛깔로 되살아오곤 한다.

생각나니? 작년 가을이었던가. 우리가 함께 다녔던 P여중엘 일부러 들어가서 많은 추억이 깃든 교실, 운동장, 은행나무 등을 둘러보며 즐거워했던 일 말이야. 우린 그때 나이도 잊고 꿈많은 소녀처럼 옛날얘기로 꽃을 피웠다.

네가 부른 '모닥불' '하얀 조가비' '끝이 없는 길'이란 노래를 사랑하고, 또 네가 진행하는 방송의 애청자 노릇까지 내가 겸하고 있듯이, 너 또한 나의 좋은 친구이면서 동시에 내 시를 즐겨 읽는 애독자 노릇을 충실히 해주었다. 네 방송의 애청자들이 적어 보낸 음악 엽서에서 네가 내 시를 낭독해 줄 때는 무척 반갑고 기뻤단다. 멀리 미국엘 다니러 갈 때도 나의 시집만은 꼭 갖고 가서 읽었다는 너의 말을 나는 두고두고 잊을 수가 없어. 네가 여행 기념으로 가져온 30센티 길이의 큰 연필도, 지난 6월에 선물로 준 《세계의 명시》라는 책도 지금 내 작은 방 안에서 너를 생각나게 해주고 있단다.

비록 조그만 서가지만 여기저기 꽂혀 있는 시집들을 보면 난 늘 부자가 된 것 같은 행복을 느껴. 시를 쓰는 일 못지않게 시를 읽는 일은 나에게 가장 큰 기쁨이란다. 이왕에 시 이야기가 나왔으니 오늘은 나의 시에 대한 이야길 조금 할게.

너도 알다시피 이번 가을에 접어들면서 난 본의 아니게 신문, 잡지에 오르내리는 이름이 되었잖니. 이름난 작가이기보다 오히려 숨어 있는 독자로서의 삶을 살고 싶은 나에게 '베스트셀러 작가' 운운하는 것 자체가 얼마나 부끄럽고 고단했는지 모른단다. 아직도 미흡하기 짝이 없는 나의 시를 좋게 읽어 주고, 격려의 편지까지 보내주는 애독자들에겐 고마운 마음도 가득하고, 또 문득 사랑받는 수녀시인이 된 것 같아 기쁜 마음이 없는 것도 아니야.

그러나 난 왠지 그저 두려운 마음이고, 조심스런 마음 뿐. 그전처럼 편안하질 못한 상태란다. 내가 수도자라는 신분을 지나치게 의식하는 데서 오는 부자연스러움 때문 일까? 아니면 내 성격에서 비롯되는 소심함 때문일까?

하여튼 가능하면 나는 아무도 몰라주는 그전의 내 위 치로 돌아가고 싶어. 그래야만 좀 더 자유롭고, 겸허하고, 자연스러운 마음 그대로 나의 노래들을 부를 수 있을 것 같아. 혹시 자신도 모르는 사이에 겸손을 위장한 자아도 취에 빠지지는 않을까 난 늘 걱정이 된단다.

인희야, 며칠 전에 내가 쓴 시집 세 권을 다시 읽어 보 면서 내가 살아온 날들을 돌아볼 수 있었다. 제1집인 《민 들레의 영토》에는 내 20대의 풋풋한 설렘과 방황이 그대 로 엿보이고 있었고, 제2집인 《내 혼에 불을 놓아》에는 수도서원을 한 사람의 신앙과 사랑의 역설적인 고백들이 깔려 있었고, 제3집인 《오늘은 내가 반달로 떠도》에는 기 도의 땅에 뿌리내린 삶의 평화와 기쁨이 일상을 통하여 표현되어 있다고 생각해 보았었지.

사람들은 나의 시에 대해서 참 여러 말을 한단다. 시어 (詩語)들이 별로 어렵지 않아서 좋고, 평범한 듯하면서도 평범하지 않아서 좋고, 진실하고 담백한 맛이 있어서 좋 다고들 한다. 그런가 하면 읽고 나선 별로 남는 게 없고, 위대한 사상성과 문제성이 결여되어있고, 또 너무 곱기 만 한 것 같아 별로 재미가 없다고도 한다. 나는 누구에게도 나를 맞출 수가 없구나. 다만 앞으로도 나는 계속 작은 노래들을 빚어낼 테지만 여전히 내 모습 그대로를 닮았겠지. 어떤 자연스런 전환점이 오게 되면 몰라도 나의 시는 〈민들레〉에서 〈반달〉까지의 그 틀을 못 벗어 버릴 테고, 그것을 나는 그리 나쁘게 생각진 않아. 앞으로도 아마 나는 그토록 좋아하는 꽃·가을·바다타령을 꽤 많이도 하면서 시를 쓰겠지.

사람들이 날더러 '수녀시인'이라 불러 주는 게 나는 기뻐. 나는 닦을 '수(修)'자를 무척 좋아하는데 난 그야말로 '닦는 여인(修女)'이 아니니? 우리의 삶이 하나의 도장(道場)이라고 할 때엔 나도 수녀이고, 너 역시 한 사람의 아내로서, 한 아이의 엄마로서 '수녀'라고 생각해.

늘 하는 말이지만 우리 열심히 살자. 너는 네 자리에서 나는 또 내 자리에서 수도하듯 시를 쓰고, 시를 쓰듯 수도하면서 열심히 살게. 맛있는 포도주처럼 오랜 세월 익혀서 더욱 제맛이 든 한 편의 시를 내놓을 수 있도록 한동안은 말을 좀 아껴야겠다. 남들이 쉽게 읽는다고 하는 나의 시를 나는 단 한 번도 쉽게 써 본 적이 없었고 이건 아마 앞으로도 마찬가지리라 믿어. 그냥 멋이나 허영으로 쓰는 시가 아니라 내면의 깊이에서 뿜어 올리는 간절한 시를 쓰고 싶다. 계속 서로를 위해 기도하자.

오늘도 고운 단풍잎 한 장을 동봉할 테니 이 나뭇잎 한 장에서도 우리는 아름다움을 공유하자. 안녕.

　　　　　　　　　　　너의 꽃, 민들레를 보며

나의 삶 속에
너를 주셨으므로

　해인이의 이 편지를 받던 날이 생각난다.

　편지함에 열쇠를 넣었을 때, 눈에 익은 해인이의 글씨를 보는 순간 가슴이 설레었다.

　오랜만에 마주 보는 그의 글씨이지만 내가 어찌 잊을 수 있겠는가.

　나는 곧 그 자리에서 편지 봉투를 열지 못했다. 가슴에 품은 채로 얼마쯤을 걸었다. 캘리포니아의 야생화, 노란 민들레 꽃들이 흐드러지게 피어 있는 길섶.

　민들레 꽃길을 걸으며 해인이의 편지를 읽었다.

나의 삶 속에
너를 주셨으므로
그것만으로도
주님께 감사드린다

길섶의 민들레를 보며 그 순간, 마음속에 깃든 해인에
게 나는 이렇게 속삭였다.

너의 꽃, 민들레를 보며

길이신 이여,
오소서

사랑하는 벗, 인희야.

잘 지내고 있지?

만나기만 하면 우리는 나이가 이렇게 들도록 중학교 시절로 돌아간 것 같으니 조금은 철이 덜 든 게 아닐까? (중략)

지난번에 제대로 축하도 못했지만 정말 축하해. 오랜만에 나온 너의 테이프 말이야.

원장님도, 이곳의 수녀님들도 같이 듣고 좋다고 하셨어.

나이 들수록 아름다운 우정의 가치도 새삼 절감하고 수도자라도 여기서 예외는 아닌 것 같아.

난 네가 가능하면 노래도 부르고 방송도 계속하고 더욱 활발한 움직임을 통해 이웃에게 하느님의 사랑과 찬미를 전하는 것도 좋을 것 같애. 다 그렇게 되어갈 수 있을 테지. (중략)

오늘이 내 종신서원 10주년 기념일이야. 촛불을 봉헌하며 감회가 깊었어. 옛날 필리핀에서 찍은 사진이 눈에 띄어 네게도 하나 보내고 싶다.

모쪼록 더욱 열심히 살고, 즐거운 삶이 되길 빌며 언제나 주님 언제 한 마음으로.

너의 벗 클라우디아 해인 수녀

1986년 2월 2일

너의 꽃, 민들레를 보며

재채기를
하며

해인아, 아직도 재채기가 여전하다. 눈시울이 자꾸 파르르 떨리고…

갑자기 서울로 찾아온 너를 만나러 약속장소인 서강대학교 정문으로 가면서 예감이 이상했지. 아니나 다를까, 교정에서 쏟아져 나오는 학생들의 얼굴은 저마다 울긋불긋 상기된 채 눈두덩이 붉게 충혈되어 있었다. 모처럼 너를 만나게 된 약속장소가 데모 현장이라니.

최루탄 가스에 눈물을 흘리며 학교 앞 작은 찻집에 들어섰지. 눈물, 콧물, 재채기가 한꺼번에 쏟아지고 목구멍이고 가슴이고 마구 따끔따끔하니 숨도 제대로 못 쉬겠더라.

"나라를 위해 기도 많이 하는데…."

우린 말끝을 흐리고 말았지.

지난겨울에 만났을 때보다 더욱 수척해진 너. 내 마음을 무어라 표현할 길이 없다. 한두 시간가량을 계속 재채기하다가 저녁 미사 시간에 맞추어 황급히 일어서는 너를 보내며 멀어지는 차의 뒷모습을 보니 왜 그렇게 내 가슴엔 풀썩, 마른 먼지가 일던지….

너를 보내고 집으로 돌아와서도 오늘은 왠지 자꾸 마음이 깔깔하다. 밤늦게 전화를 했지만 너를 찾을 길 없었고. 글을 쓰며 오늘은 완전히 지새웠다. 지금 아침 7시 40분이야.

조금 전 7시에 전화했다가 미사에 들어갔다고 해서 기다리는 중이야. 계속 지금도 재채기의 연속이야. 너는 좀 어떻니? 미사 도중, 기도하다가 재채기라도 터지진 않았는지.

너의 꽃, 민들레를 보며

삶의 안개비를
만났을 때

해인아.

유리창이 덜컹거리는 소리를 들으며 이 글을 쓴다. 두 터운 스웨터를 걸쳤는데도 책상에 닿는 팔꿈치가 시리다. 커튼 자락을 살며시 젖히고 창밖을 보니 밤비가 내렸는지 길바닥이 윤기를 띠고 있다. 곧 얼어버리겠지.

찻길이 얼어도 위험한 사고가 많이 생기는데 추울수록 사람의 마음은 얼지 말아야 할 텐데. 밤비 속에 차들이 더 욱 속력을 내고 있다. 오늘 밤은 네 생각이 간절하다.

추위가 이제 시작되었다. 글을 쓰고 있는 이 방에서도 몸이 썰렁한데 수녀원은 얼마나 추울까. 얼마 전 네가 서울에 왔을 때 내의라도 보내줄걸… 글 쓸 때 손시렵지나 않은지. 너는 수녀이고 생활의 작은 불편쯤은 이미 초연하게 받아들이고 있으리라 믿지만 오늘처럼 바람소리가 요란할 때면 네가 잠이나 제대로 들었는지 걱정이 된다.

내가 편지 회답을 하도 안 해주니까 내게 섭섭하다 못해 '수녀도 사람이다. 서운할 때도 있어'라고 엽서를 보냈었지. 서로를 생각하는 마음의 강도나 깊이는 어떨지 몰라도 그 표현에 있어서는 항상 느림보, 게으름보, 한 발, 아니 수천 발 뒤늦는 나. 언제나 나보다 몇 배 나은 해인이, 너임을 자인해. 너는 항상 무언가를 내게 주려 했지. 무엇이든 좋은 것은 선뜻 나에게 주던 친구. 정말 너는 나의 친구이면서도 나의 언니다.

그 무렵 난 KBS FM에서 아침 7시부터 방송되는 두 시간짜리 클래식 프로그램을 진행하고 있었어. 겨울 아침에 7시부터 생방송을 시작하려면 집에서 새벽 5시경에는 떠나야 하는데 하루는 그 새벽에 눈이 얼마나 내리던지 차도 못타고 걸어서, 뛰어서, 넘어지면서 방송국에 도착했었지. 여의도에 살고 있다는 것을 새삼 감사하게 느꼈던 날이었어. 그날 방송 중에 너의 시를 낭송했던 기억이 난다.

그때는 마음까지도 추위를 타서 늘 떨며 다녔지. 그래서 누가 옆에서 건드리기만 해도 눈뿌리가 시큰해지던 때였어.

지금도 그렇지만 그때는 사는 게 온통 살얼음판을 딛

너의 꽃, 민들레를 보며

는 기분이었어. 모든 일에 자신이 없고 나뭇잎이 수런대도 눈물이 돌고 열심히 일은 하면서 가슴 한구석은 허탈하게 자꾸 무너져 가는 걸 혼자 달래곤 했었어.

KBS 제1라디오에서 〈박인희예요〉, KBS FM에서 〈아침의 희망음악〉 그리고 MBC FM에서 〈박인희와 함께〉 이 세 프로그램을 함께 진행하고 있었다. 매일 다섯 시간 생방송의 연속. 내 모든 것을 마이크 앞에 쏟아 놓았다 해도 과언이 아닐 만큼 열심히 일했고 청취율도 뛰어났다. 하지만 그 당시의 난 겉으로 보기엔 평온해 보였어도 왠지 나 자신을 어쩌지 못해 안으로는 끝없이 피를 흘리며 지냈다.

너의 도움이 무척 필요했으면서도 혼자 이겨내 보려 바둥거리던 때. 그 시절이 그립다. 그 무렵, 너는 나의 애청자였지. 다른 많은 사람이 나의 시간을 아껴 주었지만 너의 편지야말로 내게 큰 힘이 되었었다.

난 그때까지만 해도 수녀원 안에서 라디오를 들을 수 있다고는 생각도 못했어. 수녀원으로 들어가면 기도만 하고 세상일들과는 단절되는 줄 알았지. 그런데 친구인 너를 비롯해서 많은 사람이 나의 방송을 아껴 주신다니 그 이상 마음 든든한 게 없었어.

그 뒤 너하고도 전화 인터뷰를 한 적이 있었지? 너는 부산 수녀원에 있었고 원장 수녀님의 허락을 얻어 통화할 수 있었지. 그때가 네가 새싹 문학상 수상자로 결정되었을 때였어.

난 질문을 하면서 마음이 설레는 걸 간신히 달래고 있었는데 멀리 헤드폰 속에서 울려 오던 너의 목소리는 참 담담하더라. 조금도 떨지 않고 내가 묻는 말에 간단간단히 대답하는 네 목소리에 오히려 내가 놀라 냉정을 되찾으려 애썼다.

"서로의 모습은 볼 수 없어도 엽서나 편지로, 전화로 목소리를 늘 듣고 있어. 바빠서 어렵겠지만 내가 있는 광안리 바닷가에 한 번 다녀가면 좋을 텐데. 네가 와 보면 정말 좋아할 곳이야. 기회 좀 만들어 보렴!"

이런 사연을 보내올 때마다 갈 수는 없었으나 내 마음은 갈매기가 되어 너에게 날아가곤 했었다.

그리고 나는 날아갔지. 광안리 바닷가 아닌 샌프란시스코 바닷가로. 그때는 날아가다가 바닷속에 잠길망정 훨훨 날아가고 싶었어. 내 삶의 안개를 만난 거였어. 몰두했던 일도, 사람도, 길들인 모든 것을 다 제자리에 두고, 그냥 무(無)인 채로 날아갔지. 그 무(無) 속에서 다시 태어나기 위해서.

다람쥐가 쳇바퀴 돌 듯하는 생활에서 벗어나 이름없는 풀 한 포기에도 눈길을 주고 길가의 작은 돌멩이 한 조각에서도 '살아있음'을 확인하고 싶었어. 세계의 모든 배가 지나간다는 샌프란시스코의 골든 게이트 부근에 있는 언덕 위의 집에 머물면서 6개월 동안 나는 많은 생각을 했지.

바닷속에 잠기는 햇덩어리를 보며 내 가슴을 뒤덮은 노을을 지우고 또 지우던 기억들… 수평선을 바라보고 섰으면 왜 그렇듯 그리운 얼굴들이 밀려 오던지. 온몸에 돌을 달고 바닷속으로 걸어 들어가던 버지니아 울프를 그곳에서 이해했다.

'한 잔의 술을 마시고 우리는 버지니아 울프의 생애와 목마를 타고 떠난 숙녀의 옷자락을 이야기한다.'

〈목마와 숙녀〉는 이렇게 시작이 되지. 마루에서도 식탁에서도 침실에서도 어느 곳에서든 안거나 서거나 온통 바다가 보이던 그곳. 하루에도 수없이 바다 빛깔이 달라지는 것을 그곳에서 목격했다. 삶도 그와 마찬가지로 어느 때는 파도였다가 잠잠했다가 해일이었다가… 삶의 빛깔도 수없이 바뀌잖아.

밤이면 달빛에 은물결 하나하나가 반짝이며 떨던 모습, 등대 불빛이 달빛과 마주치며 유유히 흐르던 모습을 잊을 수가 없다.

나는 거의 매일, 밤바다를 보며 버지니아 울프의 뒷모습에 이끌렸었다. 하나님이 내 손을 잡아 주시지 않았다면 아마 나는 그때 그녀의 손목을 잡았을 거야.

바다를 기어올라 사이프러스 나무숲을 뒤덮은 안개가 무럭무럭 연기처럼 앞을 가로막을 때 내 삶의 발자국도 안개비에 갇히고, 안개의 그물은 나의 내부를 덮고 목을 졸라댔다. 안개는 환상도 낭만도 아니다. 내 영혼까지 안개— 그 가위에 눌려 식은땀을 흘리며 벗어나려 발버둥을 쳤다. 혼자서.

그래서 난 너의 시 중에 특히 〈바다새〉를 좋아하게 되었다. 이 시가 들어 있는 세 번째 시집을 내자마자 미국으로 보내주었을 때 시집을 펼치다가 이 시를 발견하고 '이 시는 나를 위해 쓴 시구나, 내 마음을 그대로 쓴 시야'라고 중얼거렸다.

바다는 사람을 어질게 하는 힘이 있나 봐. 나 자신을 되돌아보게 하고 자신의 잘못에 눈뜨게 했어. 갑자기 네게 편지를 쓰고 싶다는 강한 충동을 받았어. 그때 쓴 여섯 장의 편지를 너는 지금까지 받지 못했다고 했지. 몇 년 만에 쓴 편지인데 안타깝게 전달되지 못하고 말았어.

네가 보내준 시집을 눈으로 읽고 또 마음으로 읽고 어머니와 환이에게 너의 시를 들려주었지. 너의 시 중에 〈달팽이의 노래〉를 들으며 환이가 무언가 생각난 듯, 놓치기 아쉬운 듯 옆에서 크레용으로 그림을 그리길래 들여다보았더니 검은색 크레용으로 뚝뚝 떨어지는 '검은 비'를 그렸었다.

그리고 〈바다새〉에 대한 내 생각도 적어넣었지. 마침 그날 오빠가 창가에 두고 간 석류 하나가 있었어. 너의 시 〈석류〉와 일치하기에 그 마음도 표현했었는데 너는 벌써 5년이 되도록 그 편지를 받지 못하고 있으니 안타깝다. 어디로 사라져 버린 걸까? 미국에서일까, 한국에서일까.

언제라도 좋으니 그 편지만큼은 너에게 꼭 전달되었으면 좋겠다.

편지를 자주 띄우는 편은 못 되지만, 정성껏 써서 보낼 때는 가까운 우체통에 넣지 않고 반드시 우체국까지 가서 "편지야, 잘 가거라" 하며 다독거리고 편지 받을 사람 한 번 떠올려보고 우표가 잘 붙었나 몇 번이고 확인하고 잘 쓰다듬어 준 다음 조심스레 우편물 넣는 곳에 집어넣는다.

편지에 내 가슴속의 이야기를 쏟아 넣은 만큼 그 편지는 나의 일부라는 생각이 들어서 파손되거나 분실되지 않고 그 먼 거리를 무사히 잘 가주기를 늘 간곡히 바라며 보냈는데 받지 못했다니 참 아쉬웠다.

잠시 창밖을 보니 빗방울이 멈췄다. 지난 세월 동안 회답 보내지 못한 죄(?) 한꺼번에 용서를 빈다. 부족함이 많은 친구가 몇 줄의 글로 어찌 다 마음의 빚을 갚을 수 있겠니? 이렇게 용서 비는 날, 겨울비 대신 흰 눈이 내려 준다면 더욱 좋았을 텐데.

겨울비는 을씨년스럽다. 그러나 나를 위해 올리고 있을 네 영원한 기도가 이 겨울비의 싸늘함을 녹여 주고 있다. 기도라는 말과 함께 늘 생각나는 것은 해인이다. 그만큼 너는 나에게 엽서로나 편지로나 전화 속에서나 '기도'라는 말 한 마디를 잊지 않았지.

고맙다, 해인아!

이러다가 오늘 또 날 새우겠다. 어차피 잠이 올 것 같지 않아. 머릿속이 더욱 맑아지고 있다. 맑은 정신으로 너의 시들을 다시 한번 읽어 볼게.

오늘은 네가 있는 광안리 바닷가로 가서 너와 둘이서 걷고 싶다.

새벽 5시가 가까워 온다.

1985년 12월 3일 수요일

인희

너의 꽃, 민들레를 보며

아픈 가슴
덥히며

해인아, 올겨울은 따스하게 지내렴. 네가 겪을 추위의
한 귀퉁이나마 함께 나누고 싶구나.

몸도 마음도 춥고 떨릴 때마다 스위치를 넣어 보렴. 따
스하게 정말 평온하게 내가 너를 마음으로 감싸줄게.

좋은 글을 썼으면서도 그만큼 괴로움이 컸을 너. 그러
나 실망하지 말고 시린 손 녹여 가며 아픈 가슴 덥히며 글
을 쓰렴. 든든하게. 인희는 언제나 나의 편이다. 오른편.

1985년 12월 21일

인희

그리움의
향기

인희야,

옛 감정을 그대로 살려 "생일을 축하해".

연필로 글을 쓰면 마음에 이렇듯 풍선 같은 기쁨이 떠오르는구나.

그동안 어찌 지냈는지? 마침 미국에 있는 친구 수녀가 이 카드를 보냈기에 나도 네게 보내니 너도 다시 이용하고 싶으면 할 수 있겠다. 참 곱지?

늘상 무지개를 만나는 경이로움으로 매일을 살 수 있으면 얼마나 좋을까. 난 재교육을 무사히, 재미있게 마치고 왜관에 다녀오고, 침방을 옮기고 아직도 정리 정돈하는 중에 문득 생각이 나서 몇 자 적는 거야. 내가 서울에 가는 길이 있으면 연락할게.

쓰다 보니 풍선 방향이 거꾸로 되었지만 그대로 두어야겠어. 지난번 내 편지는 받아보았겠지? 혹시라도 언짢게 생각했을까 조금 걱정이었어.

꿈을 여러 번 꾸었어. 함께 여행하는 꿈을.

그럼 내내 건강하고 바쁘게 기쁘고, 기쁘게 바쁜 나날이길 빌면서 안녕.

클라우디아 해인

생일을 이틀 앞둔 3월 13일, 부산에서 날아온 해인이의 편지다. 바닷물을 연상케 하는 푸른 봉투를 열자, 고운 무지개가 쏟아져 나왔다.

무지개가 하늘에 걸려 있는 것도 아니고 그냥 비치고 있는 것도 아니고 살아있는 빛처럼 실타래처럼 무지개가 풀리고 있었다. 무지개를 바라보며, 가슴 설레는 것을 보니 아직 죽은 삶은 아니구나.

해인이도 그럴 것이다. 해인이도 나도 영원히 그럴 수 있으리라. 이다음, 어느 훗날에도 이마에 세월의 흔적인 나이테가 몇 겹 굵게 드리워져도 무지개를 우러러 고운 미소를 지을 것이다.

무지개 카드 속엔 풍선이 바람에 날리는 꿈 같은 편지지에 해인이의 연필 글씨로 사연이 담겨 있었다.

그 어수선하고 바쁜 틈을 내어 나의 생일인 3월 15일을 잊지 않고 기억해 준 마음이 고맙다.

'인희야, 옛 감정을 그대로 살려 생일을 축하해.'

연필 글씨로 써서 해인이의 첫 구절 그대로 어린 시절, 중학교에 다니던 그때, 소녀 시절에도 해인이는 잊지 않고 나의 생일에 지금처럼 고운 카드와 사연, 그리고 선물을 안겨 주었었다.

축하해 주는 고마운 친구들을 위해 그날따라 어머니가 푸짐하게 주신 용돈으로 불고기 파티를 하고 생일기념으로 사진관에 가서 나란히 앉아 기념사진까지 찍었던 기억이 난다.

지금 생각해 보면 얼마나 촌스러운 모습이었을까마는 그날의 그 뿌듯한 기쁨은 아직도 지워지지 않는다. 어쩌다 묵은 앨범을 들추다 보면 그날의 행복했던 모습들이 가슴을 시큰하게 해준다. 사진 속엔 규민이의 모습도 있고 혜리의 모습도 있다.

그런데 그 뿌듯한 기쁨을 함박웃음으로 표현하지 못하고 네 사람 모두 새침한 폼들을 잡았을까. 이다음 먼 훗날에 바로 지금처럼 추억 속의 얼굴을 바라보라고 암시를 한 것일까.

바라보고 또 바라보아도 이제는 다시 돌아갈 수 없는 그리운 시절이다. 소식 없던 규민이는 내가 미국에 갔을 때 우연히 들여다본 신문 한 귀퉁이에서 그의 언니와 똑같은 이름을 보고 수소문 끝에 17년 만에 극적으로 샌프란시스코에서 상봉을 했고 또 한 사람 혜리는 아직도 소식을 전혀 모르고 있다. 여고를 졸업하고 지금까지…

모두들 제 갈 길을 가느라고 서로 소식도 모른 채 살아가고 있는 것이 안타깝다.

그러나 중년이 된 지금까지 해인이는 잊지 않고 3월 15일을 기억하고 있다. 해마다 정성이 담긴 예쁜 카드와 편지로.

어떤 때는 나 자신도 생일을 잊고 지내다가 며칠 앞당겨 사랑의 신호를 보내오는 해인이의 글을 받고서야 '아, 참! 내 생일이 3월이지!' 하고 뒤늦게 알아차릴 때도 있다.

무지개 카드 속에는 해인이의 시가 한 편 들어 있었다.

사랑하는 이를 생각할 때마다
내가 누리는
조그만 천국

그 소박하고도 화려한
기쁨의 빛깔이네
붉고도 노란

아무도
눈여겨보지 않는 땅에서도

태양과 노을을 받아 안고
그토록 고운 촛불
켜들었구나

섣불리 말해 버릴 수 없는
속 깊은 지병(持病)
그 끝없는
그리움의 향기이네

다시 꽃피울 까만 씨알 하나
정성껏 익혀둔 너처럼
나도 이젠 사랑하는 이를 위해
기도의 씨알 하나
깊이 품어야겠구나

- 분꽃에게

그 옛날, 사진을 찍고 돌아온 우리 네 사람은 자그마한
나의 방에 둘러앉아 노래와 시와 우정을 나누며 시간 가
는 줄 몰랐었다. 소녀 시절엔 누구나 그런 아름다운 추억
이 있으리라.

세월이 가면 더러는 잊히기도 쉬운데 해인이와 나 사
이엔 '생일'하면 제일 먼저 그때 일이 떠오르고 두 사람

너의 꽃, 민들레를 보며

모두 어김없이 그 얘기를 시작하게 된다.

"얘, 너 생각나니? 그때…"

두 사람의 기억 속에서는 조금의 시간차도 없이 동시에 사진 얘기가 나오고 그리고는 웃음을 터뜨리고 만다.

나처럼 사진찍기 싫어하는 사람도 드물 것이다. 어릴 때는 그렇지 않았는데 언제부터인지 카메라를 들이대면 피하는 버릇이 생겼다.

여학교 때 외에는 해인이와 함께 사진을 찍은 일이 없다. 가끔 해인이는 고왔던 순간의 사진을 자상하게 설명까지 적어서 편지 속에 보내오곤 한다. 내 사진도 한 장 보내 달라고 벌써 몇 년 전부터 부탁해 왔건만 그러마고 대답은 해놓고도 아직도 약속을 지키지 못하고 있다.

모처럼 소녀 시절에 사진 찍던 기억을 떠올리고 보니, 문득 올해는 해인이와 나란히 스냅이라도 한 장 찍어 두어야겠다는 생각이 든다.

1986년 3월 23일
아침 7시 3분

사랑의
고리

"그야말로 바닷가의 데이트구나."

해풍 속에 해인이의 목소리는 경쾌했다. 광안리 바닷가를 둘이 걸었다. 겨울 바다라기보다 봄바다 같다.

조가비, 고동, 작은 돌들을 주우며 앞서 걷던 해인이가 별안간 생각난 듯이 말했다.

"너랑 어디 잠깐 들릴 데가 있어, '사랑의 고리'라고… 거길 가면 벨라뎃다라는 예쁜 아가씨가 살고 있는데 5년 전인가, '무명옷 갈아입고…' 그 노래를 곱게 부르더라. 오늘 한번 다시 듣고 싶은데 거길 같이 가자."

모랫벌을 걷다가 모래가루를 털 겨를도 없이 우리는

너의 꽃, 민들레를 보며

둑 위로 뛰어 올라왔다.

슈퍼마켓에서 계란, 빵, 김, 야채, 소시지 등을 사가지고 수녀원 입구 가까이까지 올라왔다.

"벨라뎃다—."

해인이가 부르니 기쁨이 넘쳐흐르는 한 얼굴이 창밖으로 내다보며 반겨 준다.

자그마한 방. 상 하나를 사이에 두고 해인이와 나, 벨라뎃다, 그리고 이름 모를 두 사람, 모두 다섯이 둘러앉았다. 앉기가 바쁘게 해인이가 말했다.

"벨라뎃다! 나, 사실은 청이 하나 있는데 들어 줄래?"

"수녀님이 원하시는 거라면 들어 드려야지요. 뭔데요? 제가 할 수 있는 거예요?"

"그럼, 할 수 있는 거지. 저어, 불쑥 청을 해서 어떨지 모르겠는데 '무명옷 갈아입고…' 그렇게 부르는 노래 있지? '들길'이란 노래, 그 노래 한 번 불러줄래? 왜 5년 전인가 벨라뎃다가 나에게 들려줬었지. 오늘 갑자기 그 노래가 듣고 싶어서 그래."

"할 수는 있지만… 갑자기라서 막힐 것 같아요, 도중에."

"막혀도 괜찮아. 부르다가 잊어버리면… 아니야, 막히지 않을 거야. 그 노래 좀 불러 봐."

"그런데 왜 갑자기 그 노래는…?"

"글쎄, 그럴 이유가 있어서 그래. 이유는 노래 끝난 다음에 하기로 하고."

"근데, 이분은(나를 바라보며) 어디서 많이 뵌 것 같아
요. 잘 아는 분 같아요."

"어디서 본 사람 같애?"

"네, 아주 잘 아는 사람 같아요. 박인희 씨 같아요. 그
렇지 않아도 아침 미사 때 성당에서 제 바로 뒤에 계신 것
을 뵙고 깜짝 놀라 미사 도중에 여쭤 보려다가 참았어요.
맞지요? 박인희 씨지요?"

"비슷해요? 그 사람하고?"

내가 웃으며 물었다.

"비슷한 정도가 아니에요. 맞지요? 박인희 씨!"

"그 사람하고 많이 닮았나 봐요."

내가 말했다.

"어머! 너무 닮았어요. 저는 아까 아침에 성당에 들어
서자마자 너무 놀라서 박인희 씨가 어떻게 이곳을 오셨나
했어요."

"그 사람하고 많이 비슷한가 보구나."

해인이가 거들었다.

"그건 그렇고, 자! 어서 그 '들길'을 불러 봐, 노래 다
부른 후에 이유를 설명해 줄게!"

벨라뎃다는 노래를 부르기 시작했다.

물 한 모금 마시고
하늘을 보자

내 눈에 먼지들이 씻어지리니

무명옷 갈아입고
들길을 가자
내 발에 고운 흙이 밟혀지리니

한때는 미워했던 사람들마저
겨레의 이름으로 생각하면서

무명옷 갈아입고
들길을 가자
내 발에 고운 흙이 밟혀지리니

아! 노래가 끝났을 때의 내 심정을 어떻게 표현해야 좋을까?

벨라뎃다! 그녀는 눈을 감기도 하고 천장을 우러르기도 하고 작은 노트를 내려다보기도 하면서 정성껏 한 구절 한 구절씩 노래했다.

"우리는 이 노래를 '병아리의 노래'라고 불러요. '물 한 모금 마시고 하늘을 보자'로 시작돼서요."

벨라뎃다가 설명했다.

상 위에 놓인 노트를 무심코 들춰 보니, '방랑자' '스카브로우의 추억' '모닥' '그리운 사람끼리' '하얀 조가비'

'장미 꽃 필 때면' 등 나의 노래들이 빽빽하게 적혀 있었다. 기도하고 성경 읽고 찬송을 부르고 그리고 그들은 나의 노래를 그토록 좋아하며 불렀다고 한다.

벨라뎃다가 불러준 나의 노래 '들길'은 벌써 10여 년이더 되는 오래전, '봄이 오는 길' '목마와 숙녀' 등을 취입할때 녹음실에서 딱 한 번 불렀을 뿐 그후로는 나 자신도 다시 한번 불러볼 기회도 없이 레코드 속에 파묻혀 있던 노래였다. 다른 노래들이 히트되는 바람에 나 자신조차 그가사를 다 기억 못 하는 노래였던 것이다.

벨라뎃다!

이 이름, 해인이의 어릴 때 본명이 벨라뎃다가 아니었던가. 클라우디아라는 이름 이전, 이 길들인 이름 앞에 나는얼마나 많은 그리움을 퍼부었던가? 어린 마음을 다해, 순결의 시간을 다 바쳐 이 이름 앞에 편지를 쓰곤 했다.

두 사람, 클라우디아가 된 벨라뎃다와 노래를 들려준작은 벨라뎃다를 앞에 두고 나는 다만 먹먹할 뿐이었다.

기도시간이 다 되어 허겁지겁 일어나는 우리에게 작은벨라뎃다가 노트와 펜을 주며 말했다.

"여기에 사인 하나 해주세요."

'12월 27일 박인희, 들길을 걸을 때의 기쁨과 평온을!'

나는 이렇게 적었다.

벨라뎃다는 귀가 잘 들리지 않는다고 했다. '사랑의 고리'는 몸이 불편한 사람들이 함께 모여 불편한 부분을 서

너의 꽃, 민들레를 보며

로 도우며 살아가는 자그마한 공동체이다. 귀가 잘 들리지 않는 사람은 다리가 불편한 사람의 다리가 되고 다리가 불편한 사람은 잘 들리지 않는 사람의 귀가 되어주는 것이다.

누구든 조금씩은 아프고 불편한 곳이 있지 않은가. 사랑의 고리는 이렇게 서로의 아픔을 위로하며 살아가는 믿음의 실천, 말 그대로 사랑의 집이다.

명상의 길

점심 식사 후 우리는 '명상의 길'을 걸었다. 산을 오르며 바위에 새겨진 예수님의 모습, 십자가, 부활하시기 전 무덤에 누우신 모습… 등을 보며 산길을 걸었다.

작은 오솔길에는 솔방울들이 떨어져 있었다. 깨끗한 솔방울 두 개를 주웠다.

"집에 갈 때 가지고 가."

해인이가 몇 발짝 앞서 걷고 나는 솔방울이 된 기분으로 산을, 나무를, 바위를, 바람을 느끼며 걸었다. 소나무 사이로 아침에 우리가 걸었던 광안리 바닷가의 모습이 바라보였다. 가까이에서보다 이만큼 떨어져 소나무 사이로 바라보니 바다빛이 더욱 푸르렀다.

"하늘인지 바다인지… 알 길 없네, 어디가 하늘인지 어디가 바다인지."

나는 마음속으로 그런 생각을 하며 앞서 걸어가는 해인이의 검은 뒷모습을 바라보았다.

몇 발짝 걸어가니 언덕 위에 자그마한 묘지가 있었다.

"이곳이 여기에서 살다 죽은 사람들의 묘지야."

둥글게 쌓아 올린 묘지가 아니라 그냥 평면이다. 그 위 석판에는 십자가와 그 사람의 태어난 날, 종신서원을 했던 날, 그리고 세상을 떠난 날 등이 간단히 적혀 있다.

"이 사람이 제일 젊어서 세상을 떠난 사람이야."

한 무덤을 가리키며 해인이가 말했다. 나이를 꼽아보니 서른여섯 해를 살다 떠난 수녀님이다. 마리 데레사!

"암으로 세상을 떠났어."

바람소리가 나무 사이로 슬며시 들려왔다.

"나도 죽으면 여기 묻히게 돼. 잘 봐, 여기야!"

나를 바라보는 해인이의 눈빛에도 그리고 내 눈빛에도 얼핏 이슬이 스쳤다.

몇 개의 무덤 뒤에 크리스마스트리가 서 있었다. 나뭇등걸이 몇 개 이어 소박하게 만들어 놓은 트리 속에 도토리 껍질로 만든 작은 아기 예수가 누워 있었다.

"작은 수녀들이 베토벤 길이라고 이름 붙인 곳이 있는데."

해인이가 또 저만큼 앞서 걸어갔다. 어디선가 나무숲 사이로 산새가 울었다.

"여기가 파밭이야. 파꽃에 대한 시를 쓸 때 여기서 파를 따 가지고 들어가 그 시를 썼지."

우리는 또 말없이 걸었다.

"이 나무가 바로 삼변초 나무야."

해인이가 마른 나뭇가지를 보며 말했다.

"세 가지 꽃이 색깔이 각각 다르게 핀다고 붙여진 이름이래."

해인이가 또다시 치자나무를 가리키며 말했다.

"이 나무의 꽃잎을 보면 언제나 어머니의 옥양목 옷 빛깔이 생각나."

"봄이 되면 찔레꽃과 아카시아가 온통 하얗게 이곳을 뒤덮지."

"이 길은 라일락 길이라고 부르는데 라일락이 피면 얼마나 아름답다구. 네게 이 길을 얼마나 보여주고 싶었는지 몰라."

"저기 보이는 나무가 석류나무야."

"시 〈석류〉는 저 나무를 보며 쓴 거구나."

"응, 참! 내 방을 살짝 보여줄게."

산길을 내려가 흰 건물 앞에서 발돋움을 하고 해인이가 가리키는 대로 유리창 안을 넘겨다보았다. 벽에 가지런히 꽂힌 책들, 작은 초 하나, 그리고 책상 위에 솔방울

너의 꽃, 민들레를 보며

둘이 보인다. 그 책상은 무밭을 향해 놓여 있었다.

"아! 어제 쓴 〈희망에게〉라는 시 속에 나오는 무가 바로 저 무밭의 무겠구나."

"김장하느라고 다 뽑았잖아?"

뽑힌 무밭 빈터에 몇 개의 무 새싹이 얼핏얼핏 보였다.

"빨리 와, 빨리…."

해인이가 잡아끌었다. 산길을 다시 오르며 나는 꽃잎 모양의 방울을 세 알 주워들었다. 마른 장미 꽃잎 같은데 나무껍질처럼 단단했다.

"장미는 아닌 것 같고, 이게 뭐지?"

"히말라야시다… 히말라야송이라고 아주 희귀한 나무야."

얼핏 보면 솔방울 같아 보이나 자세히 보니 그 모습이 완전히 달랐다. 히말라야시다의 방울을 두 알 손에 들었다.

"여기에다 은가루나 금빛 물감을 칠하면 금방울, 은방울같이 보여. 가지고 가."

한쪽 주머니에는 아침에 광안리 바닷가에서 주운 조가비, 고동, 소라 껍데기 등이 가득하고, 또 다른 주머니에는 바닷가에서 절반을 잘라 먹고 내게 건네준 초콜릿 반쪽이 들어 있다. 두 주머니가 모두 우정으로 가득 찼으니, 지금의 내가 누굴 부러워하랴! 이 세상 그 누구도, 그 무엇도 부러울 것이 없다.

순례자의 길

방문을 '똑똑' 두드리는 소리가 들린다.

"자니?"

산에서 돌아와, 피곤할 테니 한 시간가량 낮잠이나 자라고 하며 자기 방으로 갔던 해인이가 돌아왔다.

"뭘 쓰고 있니? 잠은 안 자고…"

"어떻게 자니? 시간이 아까워서… 자고 나면 이 소중한 시간들이 다 지나가 버리고 말잖아."

"따뜻하게 입고 나와, 산에 가자."

아까 산을 한 바퀴 돌아왔으면서도 또다시 산에 가자는 말이 그렇게 반가울 수가 없다. 나는 볼펜을 책상 위에

너의 꽃, 민들레를 보며

놓아둔 채로 다시 해인이를 따라나섰다.

뜰에 나오니, 수녀님 몇 분이 기다리고 계셨다. 건너편 흰 건물에서 청소를 하는 수녀님들도 나에게 반갑게 손을 흔들며 인사를 했다.

"묘지에서 만나요."

우리는 뒤에 오는 수녀님들에게 인사를 하고 산으로 올라갔다.

아까 그 자리, 해인이가 내게 '이다음에 죽으면 나도 이곳에 묻히게 돼' 하던 그 자리로 향했다. 한 수녀님과 귤과 약과(깔멜 수녀원에서 선물로 보내온) 등을 앞치마에 싸서 끈을 뒤로 묶어 가지고 올라오셨다.

묘지에서 우리는 뒤에서 올라오고 있는 수녀님들을 기다렸다. 솔방울을 매달아놓은 트리들이 바람에 흔들리며 웃고 있었다.

"이 길은 베토벤 길이고, 저쪽 길은 슈베르트 길이야."

작은 수녀님들이 붙인 이름이란다. 우리는 새로 발견해 냈다는 슈베르트 길을 따라 산길을 올라갔다.

묘지 위로 수풀이 우거지고 갈대들이 눈인사를 했다. 나뭇가지 사이로 보이는 바다와 하늘, 그리고 묻힌 낙엽 사이로 삐죽 손가락을 내민 파란 쑥잎들, 산딸기의 연녹색 잎. 조금 더 올라가니 담 곁에 노란 개나리가 우리를 눈여겨 내려다보고 있지 않은가! 한 겨울에 노란 개나리라니.

"박인희 씨 오셨다고 개나리도 피고, 겨울 속의 봄이네!"

한 수녀님이 소리쳤다.

수풀 속에 파란 이끼가 전율케 한다.

"영화 속의 한 장면 같구나!"

수풀을 헤치고 쌓인 낙엽을 밟으며 갈대 사이로 걸어 올라가는 일행을 보고 해인이가 소리쳤다.

"그래, 정말 영화의 한 장면이다. 아니야, 영화보다 아름답다."

내가 말했다. 우리는 모두 순례자가 아닌가. 순례자의 길이 이렇지 않을까. 수풀과 덤불과 낙엽과 가시와, 그리고 숨이 가쁠 때면 살포시 얼굴을 내민 푸른 하늘을 잠시 바라보는 설렘.

산꼭대기에 오르니 부산의 바다가 한눈에 들어왔다. 동백섬, 해운대, 오륙도… 바닷물빛이 아침과는 다른 짙푸른 빛이다.

무덤 앞에 나란히 서서 우리는 노래를 불렀다.

주 하나님 지으신 모든 세계
내 마음속에 그리어 볼 때
하늘의 별, 울려 퍼지는 뇌성
주님의 권능 우주에 찼네
주님의 높고 위대하심을
내 영혼이 찬양하네
주님의 높고 위대하심을

너의 꽃, 민들레를 보며

내 영혼이 찬양하네

수녀님 한 분이 입고 계시던 앞치마를 살포시 벗어 마른 덤불 위에 깔아 놓으셨다.

"여긴 박인희 씨 자리예요."

자신들은 덤불 위에 그냥 앉으면서 나에게는 곱게 자리를 마련해 주신 것이다.

수녀님 앞치마 속에서 잘 구워진 쥐포 한 봉지가 나왔다. 수녀님들의 간식 1호란다. 제일 인기 있는, 구수한 쥐포 한 봉지가 순식간에 사라져버렸다. 타르치시아 수녀님이 숯불에 구우셨으니, 오죽 구수할까!

"모닥불 피워 놓고 마주 앉아서…"

누가 먼저라는 약속도 없이 수녀님들의 고운 목소리가 산 위로 울려 퍼졌다. 메들리처럼 '그리운 사람끼리'가 곱게 퍼졌다.

그리운 사람끼리

두 손을 잡고

마주보고 웃음지며

걸어가는 길

두 손엔 풍선을 들고

두 눈엔 사랑을 담고

가슴엔 하나 가득

우리둘이는   176

그리움이래

그리운 사람끼리
두 눈을 감고
도란 도란 속삭이며
걸어가는 길
가슴에 여울지는
푸르른 사랑
길목엔 하나 가득
그리움이래

"박인희 씨, '끝이 없는 길', 그 노래가 듣고 싶어요."
수녀님들이 나에게 청했다.

길가에 가로수 옷을 벗으면
떨어지는 잎새 위에 어리는 얼굴
그 모습 보려고 가까이 가면
나를 두고 저만큼 또 멀어지네
아— 이 길은 끝이 없는 길
계절이 다 가도록 걸어가는 길
잊혀진 얼굴이 되살아나는
저만큼의 거리는 얼마쯤일까
바람이 불어와 볼에 스치면

너의 꽃, 민들레를 보며

다시 한번 그 시절로 가고 싶어라

아— 이 길은 끝이 없는 길

계절이 다 가도록 걸어가는 길

계절이 다 가도록 앉아 있는 길

앉아 있는 길

앉아 있는 길

모두들 말이 없이 그저 앉아 있었다. 하늘을, 산을, 무덤을, 마른 나뭇가지를 그저 바라보며 아무도 입을 열 생각을 하지 않았다.

그 침묵의 저쪽에서 누군가 조그맣게 혼자 얘기를 했다.

"맨 뒤에는 즉흥으로 노래하신 거구나, 마치 지금 이렇게 앉아 있는 우리처럼…"

다시 아무도 말이 없다.

"계절이 다 가도록 앉아 있는 길, 앉아 있는 길…"

그 구절을 내가 다시 한번 읊조렸다. 우리들은 그냥 그렇게 앉아 있었다. 그 산에.

"노래 한 곡 더 듣고 싶어요. 자꾸자꾸 듣고 싶어요."

비스듬히 옆으로 앉아 계시던 수녀님이 나를 바라보며 나직이 말씀하셨다. 내 입에선 저절로 이번 겨울, 첫눈이 내리던 날에 지은 노래 '우리 둘이는'이 흘러나왔다.

내 자리 바로 앞에 덩그마니 커다란 무덤 하나. 누구의 무덤일까. 둥근 마른 풀더미를 바라보며 부른 노래.

우리둘이는

눈이 내려도

만날 수 없다

우리 둘이는

우리 둘이는……

참 알 수 없는 노릇이다. 왜 여기 와서 이토록 이 노래를 자꾸 부르게 될까? 마치 수녀님들에게 들려주고픈 노래이기나 한 것처럼.

가슴에서 이 노래가 자꾸 술술 흘러나왔다.

"너무 슬프다아, 이 노래를 들으니까."

등 뒤에서 누군가의 가라앉은 목소리가 들려왔다.

1985년 12월 29일

갈대밭,
그 여인

12시, 낮 기도를 드린 후 깔멜 수녀원으로 떠났다. 서울로 다니러 간 해인이 대신 노엘 수녀님과 마리 로사 수녀님께서 동행해 주셨다.

향이와 진이(해인이의 쌍둥이 조카) 그리고 두 아이의 친구 수연이, 길자라는 해인이의 고등학교 친구도 함께였다.

깔멜 수녀원… 어린 시절, 얼마나 애틋한 그리움으로 내 가슴에 스며있던 이름이던가.

수녀가 되기 전, 중학교 2학년 때 해인이는 자신의 언니에 대해 가끔 이야기해 주었다. 형제라곤 오빠 하나뿐인 나는 해인이로부터 언니에 대해 얘기 들을 때마다, 참으로 부러웠다. 더욱이 그 언니가 수녀라는 말에 어린 나는 해맑은 동경으로 그 언니를 그려 보곤 했다.

어느 날, 해인이의 편지 속에 사진이 한 장 들어 있었다. 갈대밭에 서서 먼 하늘을 바라보는 한 수녀의 모습. 정결하고 곧고 맑은 그 모습은 철없던 어린 시절 내 구원의 여인상이었다.

드높은 그 무엇을 담은 고귀한 눈빛으로 먼 하늘을 올려다보는 그 모습은 천상의 신비로움, 맑음이 깃들어 있었다.

중학생인 나는 그 사진을 일기에 끼워 놓고 자주 들여다보았다. 마음이 허전할 때, 속상할 때, 기쁠 때, 누군가와 얘기하고 싶을 때, 그때마다 그 사진을 보며 나는 무언의 이야기를 나누곤 했다.

아무런 말이 필요 없는 사진 속의 얼굴과 나. 그냥 바라보고만 있어도 섭섭함이 지워지고, 쓸쓸함도 사라지고 기쁠 때는 두 배로 그 기쁨이 다가왔다.

철이 들면서 그리고 어른이 되면서 그 일기를 덮어 버렸지만 지금도 그 갈대밭의 한 수녀님의 모습은 선명하게 내 마음에 남아 있다. 그릴 수 있을 정도로.

그런데 이제 그 사진 속의 수녀님이 원장으로 계시는 깔멜 수녀원으로 가고 있는 것이다.

차 안에 실려 가며 내 마음은 생각보다 고요했다. 아무런 설렘도 없이 벌써 만났어야 했던 사람, 꼬옥 만나야 할

　　　　　　　　너의 꽃, 민들레를 보며

사람을 이제야 만나게 된다는 생각이 들 뿐, 차분했다.

수녀원 입구까지 주택이 즐비했다. 예전에는 한적한 곳이었는데 세상이 많이 변했던 것이다.

어릴 때 해인이가 얘기했었다. 깔멜 수녀원은 다른 수녀원과의 달리 여러 가지로 엄격하고 한 번 이곳에 들어온 수녀는 죽을 때까지 절대로 이곳의 울타리를 벗어 나갈 수 없고, 외출을 할 수 있는 수녀는 따로 있고 그 사람 외에는 아무도 외출할 수 없다고.

아무리 추운 겨울에도 맨발로 견디는 고행을 하며 불도 때지 못하는 짚더미 위에서 생활해야 한다고… 심지어 어머니가 찾아온다 해도 서로 가까이 얼굴을 마주 볼 수 없다고 한다. 너울 하나를 사이에 두고 목소리만 들을 수 있을 뿐이다.

그런데 나는 그때 어린 마음에 그 얘기를 들으면서도 '왜?'라는 의문을 품지 않았었다. '왜 그렇게 살아야 하는가?'가 아니라 그러한 삶은 하나의 신비로운 성(城)으로 의문부호 없이 내 가슴에 깃들어 있었다.

차에서 내려 수녀원 뜰로 들어서니 생각 속에 묻혀 있던 그곳은 고성(古城)이 아니라 지금 마악 누군가의 집을 방문하려는 느낌으로 다가왔다.

해인이가 머무는 성 베네딕도 수녀원에서 느끼지 못했던 선뜻함을, '아! 겨울이구나' 하는 기분을 느꼈다. 비로소 어릴 때 해인이의 이야기가 실감되었다.

객실에서 잠깐 기다리는 동안 나는 그 싸아한 냉기가 이곳 깔멜 수녀원의 고행자들만의 것이 아니어야 함을 느꼈다. 극빈, 청빈, 그것은 주님을 따르는 사람 누구나의 것이어야 하지 않을까.

나는 어땠나? 초라한 이대로라도 그동안 넘치는 부유함을 누리고 살아온 것은 아닐까?

내 그림자를 되돌아보고 있을 때 "원장 수녀님은 다 준비되셨습니다"라는 전갈이 왔다.

어두운 복도를 지나 방안에 들어섰을 때 내 가슴팍을 콱 막아선 철창[*], 그리고 자물쇠. 감옥 안의 누군가를 면회하러 온 기분이었다. 단단히 쇠붙이, 그 육중한 철창 앞에서 나는 말을 잃었다. 노엘 수녀님도 마리 로사 수녀님도 향이, 진이, 수연이도 그리고 길자 씨도. 헛기침도 나오지 않았다. 세 아이들의 얼굴은 하얗게 질린 채, 완전히 겁을 집어먹은 표정이다.

철창 저쪽으로부터 수녀님 한 분이 걸어 나오셨다. 짙은 밤색 수녀복을 입으셨다. 밤색 양말을 신으셨다. 맨발의 세월을 이미 다 견디신 것이다. 그리고 허리엔 가죽띠가 둘러져 있었다. 그 모습은 철창 속의 고행자의 엄숙함이라기보다 수줍고 여리고 승화된 맑음이었다.

미소를 담은 얼굴. 그리고 선한 눈빛. 아! 30여 년 전,

---

[*] 편집자 주: 격자. 봉쇄구역을 상징

너의 꽃, 민들레를 보며

내 일기에 끼워 두었던 그 사진의 모습과 조금도 다름없는 낯익은 저 모습. 갈대밭 사이와 지금의 철창 안… 배경만 다를 뿐이다.

나는 비로소 마음이 놓였다. 한없는 부드러움…. 순간 피 흘리는 아들을 감싸 안은 마리아의 모습이 다가왔다. 마리아! 그분의 모습은 고뇌를 말없이 받아들이는 영원한 부드러움, 고요함이 깃들어 있다. 지금 내 앞, 철창 너머에 서 계신 수녀님의 모습도 그렇다.

"누가 향이고, 누가 진이니?"

쌍둥이 두 조카는 완전히 주눅이 든 채 기어 들어가는 목소리로,

"제가 향이에요."

"제가 진이에요."

하고 소개를 드렸다.

"느이들, 어릴 때 여기 와서 노래했던 것 생각 나니? 그땐 하도 작은 꼬마들이라 잘 보이지도 않으니까 아빠가 이 앞에 세워 놓고 노래를 시켰는데… 기억나니?"

"네에."

두 아이의 목소리는 점점 기어들어갔다. 해인이의 모습이 보이지 않는 것이 이상하셨던 모양이다.

"해인이는 서울에 갔어요. 이따가 2시 30분쯤 역에 도착하는 대로 이리로 곧장 오겠다고 했어요. 저는 해인이의 어릴 때 친구예요."

우리둘이는

"아, 그래요?"

"지금의 애네들처럼 어릴 때 친구였는데 해인이가 수녀님 사진을 한 장 줬었어요. 30년이 조금 못 됐네요. 갈대밭 속에 서 계시던 모습이었지요. 그동안 저는 사진을 통해서 수녀님과 무언의 대화를 나누곤 했어요."

떠듬떠듬, 목소리가 떨리고 말이 잘 나오지 않았다.

"마음이 답답하거나 누군가와 얘기를 하고 싶을 때 그냥 사진 속의 모습을 바라보고 있으면 제 마음을 다 알아주시는 것 같았어요."

"아, 그랬어요?"

부드러운 눈빛으로 수녀님은 나를 바라보시며 미소하셨다. 수줍은 미소였다. 쉬흔이 넘으셨다는 사실이 믿어지지 않았다.

"느이들, 큰고모한테 할 말 있으면 어디 해봐."

그분이 말씀하셨다.

"……"

향이와 진이는 푹 고개를 숙인 채로 아무말이 없다.

"말문이 꽉 막혔나 보구나."

그분도 긴장이 되셨나 보다.

"아무래도 작은고모가 와야 말문이 트일 모양이구나."

그분도 어색해하셨다.

커피와 귤, 케이크가 들어왔다. 아무도 손댈 생각을 못하고 있다.

너의 꽃, 민들레를 보며

"나, 석유 좀 넣고 올게, 그동안 차도 마시고 뭘 좀 먹고 있어요."

침묵이 무겁게 느껴졌던 모양인지 수녀님이 자리를 피해 안으로 들어가셨다.

"향이, 진이야. 겁이 났니?"

내가 물었다.

"꼭 감옥에 면회 온 기분이 들어요."

하얗게 질린 채 울상이 된 아이들의 얼굴이다.

"어린 너희들 생각도 무리가 아니다. 어른인 나도 아까는 그런 생각이 들었는데 한창 감수성이 예민한 소녀들인 너희들이야 충격이 좀 컸겠니?"

"큰고모가 불쌍해요. 너무 불쌍해요. 왜 하필 이런 곳에서 살아야 해요? 큰고모는 누가 시켜서 이리로 보내진 거예요? 아니면 큰고모가 자진해서 이리로 온 거예요?"

아이들은 애원하듯 내게 물었다.

"누가 시켜서 오신 것이 아니야. 강제로 오신 것이 아니야. 큰고모는 스스로 이곳에 오신 거야. 젊고 아름다우실 때. 예수님이 고생하셨듯이, 큰고모도 예수님이 살아가신 그대로를 닮고 싶으셔서 그렇게 살아가시려고 이곳에 오신 거야."

"왜 그렇게 살아야 돼요? 여기서 살지 않으면 안되나요? 작은고모는 그렇지 않잖아요."

"……"

"여기 오니까 너무 무서워요. 숨도 제대로 크게 못 쉬겠어요."

아이들의 얼굴빛이 더 하얘졌다. 앞에 놓인 케이크는 건드릴 엄두도 못 내고 있다.

"나, 화장실 가고 싶어요."

얼마나 긴장했으면 저러랴 싶었다. 나는 아이들을 데리고 복도로 나왔다. 어두운 복도에서 아이들이 말했다.

"우리 이따가 작은고모네 수녀원에서 자고 싶어요. 우리 좀 데리고 가주세요."

오늘 밤 아이들은 깔멜에서 잘 예정이었다. 나만 광안리로 돌아가고.

"왜? 무섭니?"

"네, 마음이 안 놓여요. 이따가 꼭 데리고 가 주세요! 작은고모한테 대신 말씀 좀 잘 해주세요."

나는 웃으며 그러마고 했다.

"너는 어릴 때, 수녀가 되려고 생각했어요. 그런데…"

향이가 말을 멈췄다.

"그런데?"

내가 물었다.

"여기 와서 오늘 그 철창을 보니까, 그리고 큰고모 모습을 보니까 수녀 되고 싶은 생각이 싹 가셨어요. 어휴, 싹 가셔 버렸어요."

향이는 머리를 설레설레 흔들며 한숨을 쉬었다.

너의 꽃, 민들레를 보며

다시 우리는 방 안으로 들어갔다. 밖에 나갔다 들어와도 철창의 싸늘하고 막히는 느낌은 여전했다. 아이들은 철창을 바라보며 걱정을 했다. 가져온 선물 보따리가 걱정이 되었던 모양이다.

"저 철창 사이로 이게 들어갈까?"

"글쎄 말이다. 걱정이구나. 어떻게 넣어드리지?"

"철창을 잘라 버릴 수도 없고, 아휴, 속상해."

수녀님이 다시 나오셨다. 아이들은 선물 꾸러미를 가리키며 말했다.

"저어, 엄마가 이걸 전해 드리라고 했는데 안 들어가서 어떡하죠?"

"이게 뭔데…"

"김이에요. 잡수시라고…"

몇 번인가 철창 사이로 넣어 보려 했으나 헛수고였다.

"잠깐, 여기 철창을 좀 열지 뭐."

수녀님은 웃으시면서 열쇠를 꺼내 자물쇠를 여셨다. 그리고 조금 열린 철창 사이로 꾸러미를 받으셨다.

"저어, 수녀님, 이곳에서는 기도와 성가 외에 혹시 다른 노래도 들을 수 있나요?"

"네, 괜찮아요."

"이 테이프는 오래전에 제가 부른 노래들인데 혹시 쉬는 시간 있으실 때 한번 들어보세요."

철창 너머로 테이프를 넣어 드렸다.

"아! 그래요! 고마워요. 우리 수녀님들이 반가워하실 거예요."

수녀님은 조카들이 가져온 선물과 나의 노래가 담긴 작은 테이프를 들고 안으로 들어가셨다.

식어 버린 커피를 마시고 있을 때, 수녀님이 환한 얼굴로 다시 나오셨다.

"아휴! 안에서 찾고 있어요. 나는 누군지도 몰랐는데 수녀님들이 박인희 씨라고 날 보고 답답하다면서 얘기하다 말고 모두들 나오겠대요. 얼굴 보고 싶다고."

수녀님은 어린아이처럼 기뻐하셨다. 곧 수녀님들이 연이어 걸어나오셨다.

"어디 얼굴 좀 봐요, 박인희 씨! 얼마나 보고 싶었는지 몰라요. 반가워요."

몹시 편찮으신 몇 분만 제외하고 열 세 분의 수녀님이 다 나오셨다. 휠체어를 타신 분도 계셨다. 어쩌면 그렇듯 밝고 기쁜 표정들인지.

그제야 비로소 눈앞에 가로막힌 철창의 존재가 무너진 듯했다. 아무런 거리감도 느껴지지 않았다.

그때, 서울 갔던 해인이가 마악 들어섰다. 끼니를 걸렀는지 컵라면을 맛있게 먹는 모습이 애처로웠다. 해인이가 들어서니 분위기가 갑자기 잔칫집으로 돌변했다.

"향이, 진이, 느이들 수녀님 앞에서 노래 좀 해봐라. 왜 어릴 때 이 앞에서 노래한 적 있지, 생각나?"

해인이가 큰소리로 외쳤다. 해인이가 종신서원할 때 여섯 살인가 어린 쌍둥이 두 조카가 엄마 아빠를 따라 이 곳에 왔던 모양이다. 아이들은 셋이서 의논을 하더니 입을 모아 노래했다.

언덕 위의 하얀 집
불이 나면 빨간 집
타고나면 까만 집
다시 지으면 하얀 집

수녀님들과 우린 모두가 배를 잡고 깔깔대었다.
"자, 이번엔 수녀님 노래 한 번 들어보자아."
조금 전까지 해도 잔뜩 겁먹고 있었던 우리들은 어느새 즐거운 분위기에 휩싸여 웃고 소리 질렀다. 원장 수녀님 옆에 앉아 계신 한 수녀님이 지목되었다. 달덩이처럼 하얀 얼굴, 환한 얼굴이다.
"나, 박인희 씨 노래 할게요."
그 수녀님은 날 보고 웃으셨다.

모닥불 피워 놓고
마주 앉아서
우리들의 이야기는
끝이 없어라

가슴이 저려왔다. 아! 여기 이곳에서 수녀님의 목소리로 나의 노래를 듣고 있다니!

"아이, 주인공이 앉아 계시니 떨려서 목소리가 잘 안 나오네."

도중에 멈추신 채 얼굴이 빨개지셨다.

"안에 들어가서 기타 가져와요, 기타!"

다른 수녀님이 달려가셨다.

"기타 가지고 올 동안 다른 노래 하나 할게요."

수녀님은 일어서셨다. 완전히 술렁이는 잔칫집이었다. 밤색 수녀복에 가죽띠를 매신 훤칠하게 큰 키에 돋보이는 얼굴이었다.

'아베 마리아'를 원어로 부르셨다. 부르시다가 목소리가 잘 나오지 않을 때는

"아이, 어떡하지."

하며 수줍어하시며 안타까워하시다가 끝까지 부르셨다.

기타가 두 대나 도착했다. 그 수녀님은 기타를 무릎에 안고 다시 '모닥불'을 부르셨다.

인생은 연기 속에 재를 남기고
말없이 사라지는 모닥불 같은 것
타다가 꺼지는 그 순간까지
우리들의 이야기는 끝이 없어라

너의 꽃, 민들레를 보며

나는 그 순간 와락 목이 메어 왔다. 말할 수 없이 고마웠다. 나는 손수건으로 얼굴을 묻고 울고 말았다.

노래가 끝났다. 나는 울먹이며 말했다.

"고맙습니다. 제가 노래를 부른 이후로 오늘 처음으로 노래 부른 보람을 느꼈습니다."

그 수녀님은 다시 나의 노래 '그리운 사람끼리'를 기타를 치시며 들려주셨다. 그 노래는 합창으로 이어졌다.

기타가 내게로 전해졌다. 사양하는 게 버릇인 나도 순순히 기타를 들고 조금 전에 그 수녀님이 들려주신 '모닥불'과 '그리운 사람끼리'를 불렀고 합창으로 다시 이어졌다.

10년 가까이 기타도 노래도 의식적으로 부르지 않았었다. 내 노래를 들으면 가슴이 아려 오던 기억들. 그 기억들을 떨치려고 내 노래를 듣지도, 들려주지도, 부르지도 않았었는데 그 순간만큼은 열린 마음으로 노래하고 싶었다. 수녀님들은 나의 노래를 더 듣고 싶어 하셨다.

"얼마 전에 서울에 눈이 몹시 내렸어요. 그 퍼붓는 눈을 바라보며 문득 가슴에 떠오르는 노래가 있었어요. '우리 둘이는'이라는 노래인데 아직 어디서 발표한 것도 아니고 악보로 옮기지도 못했지만 이 겨울은 왠지 흥얼흥얼 입가에서 자꾸 이 노래가 맴돌아요. 노랫말 중에 '그러나 눈 감으면 보이는 얼굴 가슴에 묻어둔 그 한 사람'이라는 표현이 있는데 수녀님들께서도 기도하시면서 떠오르는 그 누군가의 얼굴, 가슴에 묻어둔 그 한 사람이 있으시겠지요. 저는 어머님과 오빠가 외국에 계시기 때문에 눈이 내리면 가족들 얼굴도 떠오르고 어떤 때는 친구 얼굴도 떠오르고 또 어떤 사람의 얼굴도 떠오르곤 하는데 모두가 만날 수가 없지요. 눈이 내려도…. 수녀님들께서도 마찬가지시겠지요. 두고 온 가족들, 친구들. 또 이 얼굴은 수녀님들과 저의 얼굴도 되겠지요."

눈이 내려도
만날 수 없다
우리 둘이는
우리 둘이는…

수녀님들은 모두 말이 없으시다.
"아! 정말 좋은 노래예요."
한참이 지난 후 수녀님들이 말씀하셨다. 그리고 다시 침묵이 이어졌다.
잠시 후 그 침묵을 뚫고 해인이가 쌍둥이 두 조카에게 노래를 시켰다.
"자! 이번엔 느이들 차례다. 어떤 노래가 유행하고 있는지 수녀님들에게 좀 가르쳐 드려봐."
"아! 'J에게'라는 노래가 있지? 그 노래 한 번 불러봐."
내가 쌍둥이에게 충동질했다.
그래, 왜 갑자기 'J에게'가 듣고 싶었는지 모르겠다. 그 순간. 세 아이의 고운 목소리가 울려 퍼졌다.

J, 난 너를 못 잊어
J, 난 너를 사랑해

내가 외국에 있는 동안 서울에서는 이 노래가 유행이었다. 나는 이 노래의 다른 부분의 멜로디와 가사는 하나도 욀 수 없지만 이 대목만은 고래고래 소리쳤었다. 서울을 향한 그리움이 치솟을 때마다 밑도 끝도 없이 바로 이 대목만을 소리치며 불렀던 것이다. 그래, 그것은 노래가 아니라 하나의 발악이었다. 악을 쓴 것이다. 캠퍼스의 우거진 숲을 지나면서도, 바닷가를 거닐면서도, 세수를 하다가도… 아이들의 노래를 듣는 동안 나는 그때 생각을 하며 슬며시 혼자 웃었다.

저녁기도 시간이 다 되어 서로 헤어져야 했을 때 수녀님들은 한 분도 빠짐없이 나의 두 손을 잡아 주셨다. 열세 분이 따스하게, 차차례로.
그리고 한 분씩 나오셨던 그 문으로 다시 들어가셨다.
"박인희 씨, 참 보고 싶었어요."
"박인희 씨, 기도해 드릴게요."
"박인희 씨, 만나 뵙게 돼서 정말 반가워요."
그리고 마지막으로 아까 나의 노래를 그토록 열심히

불러 주셨던 환한 얼굴의 수녀님이 다가오셨다. 그리고 내 두 손을 감싸 쥐어 주시며 내 눈을 미소로 바라보시며 말씀하셨다.

"예전에 수녀원에 오기 전에 텔레비전에서 박인희 씨 모습을 보고, 머리를 가지런히 뒤로 묶으신 분, 남다른 데가 있구나 하고 생각했었어요."

"고맙습니다."

내 눈엔 이슬이 맺혔다.

"기도할게요, 박인희 씨를 위해. 저는 마리안느예요."

나중에 해인이의 얘기를 들으니 그분은 부산대학에서 음악을 전공하신 분이라 한다. 수녀가 되지 않았더라면 어쩌면 성악가가 되셨을 분.

원장 수녀님이 내 앞으로 다가오셨다.

"부산에 올 기회가 있으면 꼭 들르세요. 꼭 들르세요."

"네, 그렇게 하겠어요."

어린 시절, 일기 갈피 속에 끼워 둔 그 사진 속, 갈대밭에 서 계시던 수녀님의 모습. 사진 속에서 내게 많은 이야기를 들려주시고, 나의 많은 이야기를 들어 주시던 그 잠잠한 모습의 수녀님이 오랜 사랑의 세월을 견디시고 이제 이렇게 나의 두 손을 감싸 주고 계신 것이다.

1985년 12월 28일

성 베네딕도 수녀원 언덕방에서 홀로 촛불을 켜고 시
를 쓰다.

스스로를 태워
불(火)고드름으로
홀로 서 있다

타오를수록
호수(湖水)로 고이는 눈물

너는
내 심장의 뿌리까지
깊이 박혀
점 하나로
여위어 가고

불(火)고드름
너를 품은 채
눈물은
밀랍이 되다

  -촛불(I)

1985년 12월 26일

어쩌면 이렇게 타오를 수 있을까

뜨거운 불길 속에서도 견딜 수 있을까

깨끗하게 그을음도 없이 소멸할 수 있을까

녹을 수 있을까

다 내어줄 수 있을까

예수님처럼

-촛불(Ⅱ)

1986년 3월 12일

너의 꽃, 민들레를 보며

타다가 꺼지는
그 순간까지

지금은 사라진 동아방송의 〈3시의 다이얼〉이란 프로그램을 진행하고 있을 때였다. 1970년대 초로 기억된다.

1972년, 그해 겨울은 유난히 추웠다.

방송이 끝난 후 현관 앞을 막 나서는데 한 청년이 조심스럽게 복도의 의자에서 일어섰다. 그 추운 겨울날 그는 외투도 입지 않고 나를 찾아 왔다.

첫인상이 몹시 추워 보였다.

"안녕하세요, 박인희 씨."

첫 만남이지만 그의 목소리는 서먹서먹하지 않고 구김살이 없었다.

"제 친구와 저는 박인희 씨를 무척 좋아하는데요. 제가 글을 쓰고 제 친구가 작곡을 했어요. 이 노래들은 박인희 씨를 위해서 만든 작품인데요. 저희들의 꿈은 박인희 씨의 목소리로 이 노래들을 들어보았으면 하는 것입니다."

그러면서 그는 곁에 서 있는 친구를 나에게 소개했다. 역시 모르는 청년이었다.

그런 일은 나에게는 가끔 있는 일이었다. 편지 속에 아름다운 시를 넣어 보내주는 시인, 작곡을 하다 보니 이 노래는 당신이 부르면 어울릴 것 같아 보낸다는 작곡가, 또는 이름 모를 어느 대학생이 정성을 다해 만들었다는 작품들……

나에게 시를 보내주거나 작곡을 해서 보내주는 사람들 중엔 유명한 사람도 있는가 하면 신분이나 이름 모를 사람들도 많았다.

그들의 바람은 한결같이 순수했다.

그냥, 한번 당신의 목소리로 이 노래를 불러주었으면 하는 것뿐이니 아무 때나 부르고 싶을 때 불러 달라는 것이었다. 만약에 마음에 들어 취입을 하게 되면 잊지 말고 레코드나 한 장 꼭 보내 달라는 부탁이 있을 뿐 그지없이 소박했다. 심지어는 어느 초등학교 학생이 연필로 그린 악보와 함께 이런 글을 보내준 적이 있었다.

"인희 누나, 저는 노래를 참 좋아해요. 우리 엄마와 형이 기타를 치며 누나의 노래를 좋아하는데 여기 보내는 이 노래도 누나가 꼭 한 번만 불러주세요. 피아노를 치다가 제가 만든 노래예요."

음악을 사랑하는 사람들의 마음은 누구나 아름답다. 어린아이에서부터 노인에 이르기까지. 아름다움은 소박함, 순수함이 깃들어 있다. 아름다움은 마음을 열고 살아갈 때 느낄 수 있다. 그 겨울, 외투도 없이 나를 찾아온 그 청년이 추위도 아랑곳하지 않고 나에게 마음을 열어주었다.

"고등학교 때 우연히 박인희 씨의 노래를 듣고 그때 저의 꿈이… 박인희 씨가 부르실 노래를 제가 한번 시를 써 보았으면 하는 거였어요."

"고맙습니다. 예고도 없이 오셔서 이렇게 무작정 기다리시느라고 몹시 추우셨을 텐데… 따끈한 차나 한잔 마시면서 얘길 하지요."

방송국 앞에 있는 어느 조그만 찻집에서 그 두 청년은 두 사람의 작품을 담은 악보들을 내게 주었다.

뜨거운 커피 내음을 마음으로 마시며 악보를 하나하나 음미해 보니 기성 작곡가나 작사가에게서 느낄 수 없는 진솔함이 있었다. 때 묻지 않은 진솔.

"이 노래들은 처음부터 박인희 씨를 염두에 두고 만들었기 때문에 밤을 새워 가며, 둘이 열심히 만들었어요. 그러나 마음에 드실지…."

"시도, 곡도, 마음에 들어요. 그러나 어떻게 하기를 원하시는지요."

"저희들은 레코드 취입을 해 주셨으면 좋겠어요. 이미 레코드 회사도 물색해서 저희들끼리 정해놓은 곳이 있고, 이 노래만큼은 제가 직접 제작하고 싶은 꿈이 있어서 아버님께 말씀드려 사업에 필요한 모든 자금을 확보하는 데 승낙을 받았습니다. 문제는, 박인희 씨의 승낙뿐입니다."

작곡을 했다는 청년이 말했다.

"그렇다면 위험 부담이 크실 텐데요. 저는 원래 본격적으로 가수 활동을 하는 사람도 아니고, 또 TV에도 제가 나가고 싶지 않으면 절대로 나가지 않아요.

레코드 취입을 하려면, 취입한 후 노래를 히트시키기 위해 지방 공연이다, 쇼다, 밤무대 출연이다, 아무것도 가리지 않고 활발하게 활동을 해야 하는데, 저는 지금까지 그렇게 해본 일도 없고 앞으로도 원하지 않아요. 다만 노래 자체가 좋아서 그냥, 잠시 불렀을 뿐 그리고 지금은 그 노래도 다 그만두고 방송에만 전념하고 있어요.

저에게 기대를 거셨다가 공연히 실망하지 마시고 오늘은 추운데 일부러 이렇게 저를 찾아 주셨으니 그냥 차나 한잔 마시고 다른 얘기나 나누지요."

"아니에요, 박인희 씨가 그동안 어떻게 활동해 오셨나 하는 것은 저희들도 잘 알고 있어요. 그리고 레코드 회사에서도 만약에 이 노래들을 박인희 씨가 직접 부르시겠다고 승낙하신다면 서로 제작하겠다는 회사도 여럿이 있어요.

솔직히 말씀드려서, 박인희 씨가 승낙만 해주신다면

너의 꽃, 민들레를 보며

취입 후의 문제는 자신이 있기 때문에 모두를 신중하게 생각한 후 제가 직접 제작을 하려고 하는 겁니다."

"지금 생각으로는 무어라 확답을 드릴 수가 없군요. 악보를 집에 가서 차근차근 더 좀 살펴보고 취입 문제는 천천히 생각해 보겠어요.

우선은 무엇보다 작품이 좋아야 하니까요. 또 아무리 작품이 좋다고 해도 제가 과연 제대로 소화해 낼 수 있을지 그것도 미지수고… 만약에 제가 부를 수 없으면 이 노래에 어울릴 만한 다른 사람을 알아봐 드릴 수도 있어요. 제 주변에도 좋은 사람들이 많이 있으니까요."

차를 마시며 악보와 함께 그들이 나에게 준 시집 한 권을 뒤적였다. 겉표지가 빨간 시집이었던가?

"고등학교 때는 참 열심히 시를 썼어요. 시인이 되고 싶었는데… 아버지가 갑자기 돌아가신 후 집안이 점점 기울고… 대학 진학을 포기했어요.

제가 고등학교 다닐 때 박인희 씨가 '뜨와 에 므와'로 노래하시는 모습을 보고 꼭 한번 뵙고 싶었던 분이었어요. 듀엣 활동을 그만두시고 요즘은 라디오 방송만 하고 계시기 때문에 저는 은근히 혼자 이런 기대를 했었지요. 솔로 활동을 하시면 더 좋으실 텐데 하구요. 듀엣도 좋았지만 혼자 부르시면 더 좋으실 거예요."

널리 알려진 이름에 비해 듀엣으로 노래했던 '뜨와 에 므와' 시절은 활약 기간이 1년도 채 되지 못했다.

젊은 날, 내게 찾아온 마음의 열병으로 늪에 빠져 허우적거릴 때 내출혈을 지혈시키기 위해 거머쥔 것이 기타 한 대였다.

임금님의 귀는 당나귀 귀라고 소리쳤던 어느 이발사의 부르짖음 대신, 기타라는 나무등걸에 소리 죽여 울던 나의 속울음.

'약속' '스카브로우의 추억' '그리운 사람끼리' '세월이 가면' 불과 몇 달 동안 넉 장의 독집 레코드를 만들 수 있을 만큼 노래가 전부였던 삶.

노래로밖에는 표현할 길 없는 삶이었다. 그러나 절정의 순간에 타성이 기어온다.

어느덧 내 이름 석 자 뒤에는 괄호가 따라다녔다. 조그만 내 이름 박인희일 때에는 자유로운 삶이, 괄호 속에 '가수'라는 꼬리표가 붙게 되자 나 자신이 아닌 다른 삶을 강요받게 되었다.

인기인, 유명인이라는 이름 뒤에는 내면의 붕괴가 컸다.

내가 언제 빵 한 조각을 위해 노래했던가. 아니다.

스타가 되고 싶은 적이 있었던가. 아니다.

그럼, 왜 노래를 불렀나.

노래가 좋아서.

그냥 부르고 싶어서.

그냥, 부르지 않으면 견딜 수가 없어서.

처음에 나는 수많은 사람의 환호나 갈채보다, 단 한 사람이라도 좋으니 누군가의 가슴속에서 지워지지 않을 영원히 살아있는 노래를 부르고 싶어 했다.

지금도 그런가.

그 생각은 날이 갈수록 더해졌다.

이다음에, 어느 먼 훗날에, 누군가 자신의 삶을 되돌아보며 문득 쓸쓸해질 때, 그 어둑어둑한 삶의 저녁 길을 걸어가며 어쩐지 혼자라는 생각이 들 때, 가슴에 슬며시 떠오르는 노래… 자신도 모르게 샘솟는 그 노래를 따라 부르다가 아! 이 노래를 부른 사람이 누구였더라, 모습과 이름은 아물아물 잊혔어도 그 노래의 멜로디만은 끊어질 듯, 이어질 듯, 멈추며 맴도는 노래…….

그래, 어쩌면 이 노래를 부른 사람의 마음도 지금의 나와 같았을 거야. 그런 생각을 하며 혼자가 아닌 '함께'라는 생각이 드는 노래, 그래서 조금쯤 쓸쓸함을 나누어 가질 수 있는 노래. 한 곡이라도 좋으니 나는 그런 좋은 노래를 하나 부르구 싶을 뿐이야.

그 무렵의 나의 내면의 소리이다. 지금도 변함이 없다. 나는 내가 부르고 싶지 않은 노래는 절대로 부르지 않았다. 서고 싶지 않은 자리는 절대로 서지 않았다.

은퇴라는 말은 함부로 떠올리는 말이 아니다. 죽는 순간까지 피 흘리는 진통을 겪되, 하는 것보다 하지 않는 것이 차라리 나을 바엔 침묵이 더 좋지 않은가.

침묵이 무능으로 안주하지 않기 위해선 내면을 후비는

시간의 끌과 정(釘)은 되도록 날카로워야 한다. 나태와 게으름, 그 타성의 정수리까지 가를 수 있도록. 정직해야 한다.

그 무렵, 나를 아껴 주는 방송국의 프로듀서들과 레코드 회사에선 적극적으로 나에게 솔로 활동을 권유했다.

기다렸다는 듯이 작곡가들에게서 연락이 왔다. 그러나 나는 다시 노래를 불러야겠다는 강렬한 충동을 느끼지 못했다.

그 침묵기에 바로 두 청년이 나를 찾아온 것이다.

차를 마시며 무심코 넘겨 보던 시집 한 권. 몇 장을 넘기다 눈길이 머문 시구가 있었다.

"인생은 연기 속에 재를 남기고 말없이 사라지는 모닥불 같은 것."

눈으로 그 시구를 읽었으나 그 순간 마음속에서 나도 모르게 멜로디가 흘러나왔다. 이미 예전부터 내가 잘 알고 있는 노래처럼. 원래 이 시는 나의 노래가 된 〈모닥불〉의 시구보다 조금 더 긴 시였다.

원문은 다 기억할 수가 없으나 그때 그 자리에서 마음속의 멜로디는 이렇게 노래하고 있었다.

모닥불 피워 놓고 마주앉아서
우리들의 이야기는 끝이 없어라
인생은 연기 속에 재를 남기고
말없이 사라지는 모닥불 같은 것

너의 꽃, 민들레를 보며

타다가 꺼지는 그 순간까지
우리들의 이야기는 끝이 없어라

다시 그 시들을 읽고 있는데 내 마음속에선 바로 조금 전 처음으로 그 시를 읽었을 때처럼 똑같은 멜로디가 흘러나왔다. 시 읽어 봐도 똑같은 멜로디. 처음부터 끝까지 한 음절도 막힘없이 샘솟던 멜로디.

조금 전 이 구절의 멜로디가 어떠했더라 하는 착각 같은 것은 전연 들지도 않았으므로, 멜로디끼리 서로 부딪침 없이, 생각끼리 서로 부딪침 없이, 하나의 노래가 솟아오른 것이다.

한 음 한 음 그 순간의 악상을 잊을까봐 오선지에 악보를 그릴 필요조차도 없었다.

두 청년과 헤어져 집에 돌아온 후 나는 며칠을 기다렸다. 하나의 멜로디가 포도주처럼 잘 익기를. 만약에 며칠 동안 잊지 않고 그 멜로디가 내 가슴속에 그대로 머물러 준다면, 나는 그 노래를 부르리라.

그리고 소망처럼 그 멜로디는 내 가슴에 남아 나의 노래, '모닥불'이 되었다.

처음 그 시를 읽었을 때의 마음속에서 흐르던 멜로디 그대로, 덧붙일 것도, 떼어낼 것도 없이 오선지에 악보를 그렸다.

지금도 참 고맙게 생각하는 것은 지금의 '모닥불' 노래

보다 더 길었던 시의 원문에서, 나의 느낌을 듣고 "조금 압축해 봤으면 좋겠다"는 나의 제의를 순순히, 기쁘게 받아들여 준 그 청년, 박건호 씨의 마음씨이다.

너의 꽃, 민들레를 보며

3.

하늘, 별, 사슴 그리고 환이

아침에 걸려온
전화

쓰지 않고는 배길 수 없을 때 한 줄의 글을 쓰듯이, 부르지 않고는 배길 수 없을 때 노래를 부르고 싶다.

12월의 이른 아침 전화벨이 울렸다. 8시가 조금 넘었을까. 누굴까, 이렇게 일찍….

잠시 후 전화를 받으시는 시어머님의 목소리가 들렸다

"지금 KBS 제1라디오를 틀어 보란다, 어떤 사람이."

"누군데요?"

"몰라, 지금 전화 바꾸기 어려우면 그냥 라디오만 들으면 된다고… 전화 끊더라."

하늘, 별, 사슴 그리고 환이

무슨 일일까? 성급하게 라디오 다이얼을 KBS 제1라디오에 맞췄을 때, 한 남자 아나운서의 목소리가 들려왔다.

"'나무, 벤치, 길'. 박인희의 노래였습니다."

무심코 송지헌 아나운서의 목소리를 듣고 나는 막막했다. 내 노래지만 나는 하나도 듣지 못했고 그저 곡목 소개와 내 이름을 들었을 뿐인데 왜 별안간 그렇게 가슴이 막막해 왔을까. 벌써 10여 년이 가까워져 온다. 노래를 부르지 않은 지가.

저 노래 속의 여자. 박인희….

나는 모든 사람에게 잊히기를 바랐고 또 이미 잊히고 있다고 믿었는데 갑자기 걸려온 전화 한 통으로 내 이름 앞에 붙여진 '노래'의 의미를 다시 떠올리게 되었다.

특히 지금 막 끝나버린 '나무, 벤치, 길', 저 노래를 취입할 때 나는 환이를 뱃속에 가졌을 때였다.

"첫아기, 아기 엄마, 과연 내가 순산할 수 있을까. 아기를 낳다가 혹시 저세상으로 가버리는 것은 아닐까. 이 앨범이 마지막 노래가 되는 것은 아닐까…."

설렘에서 비장한 각오로, 착잡함에서 담담해진 마음으로 부른 노래였다.

"어쩌면 이 앨범이 세상에 나올 때쯤이면 나는 이미 이 세상 사람이 아닐지도 몰라. 노래를 부른다기보다 내 노래를 아껴주던 사람들에 대한 마지막 인사일지도 몰라…."

유리창 밖에서 내 심정을 알 길 없는 취입실의 기사는

O.K. 신호를 보내며 소리쳤다.

"역시 달라요. 오랜만에 부르셔도 저력이 있어요."

그러나 나는 그 마음 좋은 정 기사를 얼마나 귀찮게 했던가. 한 곡 부르고 스튜디오에서 나와 스피커 앞에 쭈그리고 앉아 녹음된 내 노래를 들어보고 다시 취입하자고 간청했고 더 이상 취입하지 않아도 된다는 그분의 의견을 무시(?)한 채 다시, 다시, 한 번 더를 외치며 마음에 들 때까지 다시 부르고 또 불렀다.

다른 사람이 아무리 좋다고 얘기해도 나 자신에게 만족스럽지 않으면 더욱더 나 자신을 채찍질했다. 그때 그 앨범 속에 들어 있는 노래들이 '방랑자' '그리운 사람끼리' '모닥불' '세월이 가면' '나무, 벤치, 길' '스카브로우의 추억' 등이다. 이들 노래 중에는 이미 예전에 다른 앨범에 수록된 노래도 있으나 세월이 가도 다시 불러보고 싶은 노래이기에 새로운 편곡으로 그날 다시 불렀다.

해산을 앞두고 불과 한 달 전쯤이었을까? 녹음실은 찜통이었다. 얼굴에는 땀이 줄줄 흘러내렸으나 더운 줄도 몰랐다. 환이는 뱃속에서 응원하는지 반주가 흐르고 내가 노래를 부를 때면 어김없이 저도 쿵쿵 울려대고 이리 차고 저리 차고 야단이었다. 엄마가 제대로 저를 낳아 줄 것인가 뱃속에서 궁금했는지 있는 힘을 다해 두드리고 있었다. 환이가 자라면서 유난히 음악에 이끌리는 것을 보면 그럴 수밖에 없으리라는 생각이 든다.

　　　　　　　　　　하늘, 별, 사슴 그리고 환이

그리고 한 달 후쯤 나는 아기 엄마가 되었고 마지막 앨범이 될 뻔했던 그 노래들은 아직도 살아있다. 지금까지 내가 부른 노래 중에서 나 자신에게나 다른 사람에게나 부끄럼 없이 들을 수 있고 들려줄 수 있는 노래가 그 앨범이고 그 중에서 '나무, 벤치, 길'이다. 왜냐하면 잘 불러서가 아니라 내가 할 수 있는 한 최선을 다해서 부른 노래이기 때문이다.

아! 그런데 누구일까. 전화를 걸어 준 사람은. 혼자 듣기가 벅차서 그 노래를 부른 사람에게 이 아침에 전화까지 해서 들어보라고 한 것일까.

순간 나는 가슴이 저려왔다. 고맙다. 정말 고맙다. 내 노래를 선곡해 준 방송 담당 프로듀서도 고맙고 방송하던 송지헌 아나운서도 고맙다. 내가 듣지 못했어도 나 대신 노래를 듣고 전화를 걸어 준 그 누군가의 기쁨을 생각해도 고맙다.

전에는 길을 가다가 레코드 가게 스피커에서 내 노래가 흘러나올 때, 방송에서, 찻집에서, 바닷가에서 내 노래를 무심코 듣게 되면 그 자리에서 도망치고 싶은 생각이 치솟곤 했었다. 반갑고 기쁘기보다 어디론가 숨어 버리고 싶은 생각이 간절했었다.

남들이 내 노래를 좋아해 주면 좋아해 줄수록 왜 나는 그토록 내 노래에서 달아나고 싶을까. 내 노래를 들으면 가버린 날들의 부스러기들이 떠오르고 좀 더 잘 할 수 있었을 텐데, 하는 아쉬움이 커서 꺼버리고 싶을 때가 많았다.

내가 나 자신에게 뿌듯함을 채워 주지 못하는 나의 노래를 어떻게 다른 사람에게 들어 달라고 할 수 있을까. '자신이 없으면 하지 않아야 옳다'는 것이 오랫동안 취입을 거부해 온 나의 의도이다.

내 노래를 아껴주시는 많은 분이 지금도 취입을 권유한다. 전속을 원하는 레코드 회사도 여럿 있다. 그들은 모두 이제 한 번쯤 다시 노래를 부를 때도 되지 않았느냐고 진심으로 말해 준다. 매사에 너무 완벽하려고 하기 때문이라고 은근히 나무라기도 한다. 그러나 내 노래를 들을 때마다 '아! 이게 아닌데…'라는 생각이 고개를 쳐드니 어쩔 수가 없다.

나는 그동안 다른 사람들의 좋은 노래를 들을 수 있는 기쁨만으로 만족했었다. 내가 다 부르지 못한 노래를 누군가 충분히 부르고 있고 노래를 부른 사람의 느낌, 목소리 등이 나에게 전달되어 오고 내 생각과 일치할 때 그것으로도 나는 기뻤다.

내가 잠시나마 노래를 불렀던 사람이라는 기억조차 잊고 싶도록 좋은 노래를 듣는 것만으로도 충분했다.

'나나 무스쿠리.'

그녀는 어쩌면 그렇게 자기 자신을 표현해낼 수 있을까. 그녀의 목소리를 듣고 있노라면 부러움도 시새움도 없다. '이 정도는 부를 수 있어야 노래한다고 할 수 있지

하늘, 별, 사슴 그리고 환이

않을까?' 수없이 그런 생각을 했다. 내가 우울할 때 그 우울을 달래 주는 목소리. 누군가가 그리울 때 그 그리움에 고개를 끄덕여 주던 목소리.

그녀의 노래를 들을 때는 '자매혼'을 느낀다. 환이가 걸음마를 하고 겨우 엄마, 아빠 등의 발음을 하게 되었을 때부터 더듬더듬 환이의 작은 입술에서 새어 나오던 이름. '나나' 아줌마는 '나나무리'가 되었다가 이제 비로소 '나나 무스쿠리'가 되었다. 혼자 그녀의 노래를 들을 때면 어디서 놀다가도 어김없이 기어와 내 품에 안겨 함께 든는다.

환이가 네 살 때였던가. 황혼 무렵 그녀의 노래 '에필로그'를 듣고 있는데 무릎에 누워 잠이 들었던 환이가 어슴푸레 눈을 뜨고 무엇엔가 이끌린 듯 한참을 바라보더니 나직이 말했다.

"엄마, 나 지금 꿈을 꾸고 있는 것 같애."

그 아이의 맑은 눈망울엔 이슬이 고였다. 내 아들의 눈망울을 촉촉이 젖게 하다니. 그런 그녀에게 나는 아무런 시새움이 없다.

그날 이후부터 환이는 라디오에서 그녀의 노래가 흐를 때면 뛰어왔고 외국 생활 중에도 함께 레코드 가게에 들르면 어김없이 그녀의 앨범을 용케도 찾아내이 내 앞에 들고 왔다. 용돈이 넉넉하지 못했으나 나도 그녀의 앨범만은 꼭 샀고 살 수 없는 날은 몇 번이고 바라만 보다가 돌아오곤 했다.

한 번은 그리스 사람이 경영하는 한 가게에 들렀을 때였다. 그곳은 자기 나라의 고유한 물건만을 파는 곳이었다. 옷이며 그림, 조각, 장신구들을 파는 가게였는데 그 가게 안에서 울려 오는 그녀의 노랫소리를 듣고 그 카세트테이프를 팔 수 없겠느냐고 졸랐다.

하지만 주인은 자기가 제일 아끼는 테이프라서 절대 팔 수 없다고 하여 그다음 날 할 수 없이 내 노래가 담긴 테이프와 바꾼 기억이 있다. 그리스 사람이 한국의 박인희라는 이름을 어디 들어보기나 했겠는가. 자기처럼 '나나 무스쿠리'를 좋아한다니까 그 간절한 마음을 보고 바꿔 주었겠지.

그녀는 마음속에 하나의 샘을 가지고 있다. 영원히 늙지 않고 퇴색하지 않을 샘을. 순결의 샘, 어린아이 속에 깃들어 있는 깊은 맑음을 지니고 있다.

여린 풀잎의 감성을 지녔으면서도 쉬이 쓰러지거나 시들지 않을, 마음의 티끌을 씻어 주는 목소리를 지녔다.

나는 요즘 생각한다. 젊을 때 부르는 노래도 풋풋해서 좋지만 나이 들어가면서 부르는 노래가 더 좋지 않을까. 삶의 아픔, 어려움, 눈물, 사랑을 이해한 뒤에 부르는 노래에 더욱 깊은 맛이 드는 게 아닐까.

열심히 살고, 내 삶의 나이테가 제법 견고해졌을 때, 노래를 부르고 싶은 순수한 열정이 쌓여 부르지 않고는

하늘, 별, 사슴 그리고 환이

배길 수 없을 때 앨범 한 장을 만들고 싶다.

어디선가 묵묵히 나를 지켜보아 주는 사람들, 떠나 있는 사람들, 돌아오고 싶어하는 사람들, 아름다운 추억을 지닌 사람들, 삶을 사랑하는 사람들을 위하여. 그리고 누구보다 내 노래를 가장 좋아하시는 나의 어머니를 위하여.

조그만 너를
품에 안으면

아침에 예감이 이상했다. 마음이 차분히 가라앉은 것 같으면서도 한편으로 야릇하게 초조하다. 엄마와 함께 병원으로 갔다. 진찰 시간이 이른 탓인지 간호사들이 흰 가운으로 갈아입고 서서히 그러나 민첩하게 일을 시작한다.

병원, 그 긴 복도, 조금 썰렁하고 겁이 난다. 내가 아기를 낳을 수 있을까 마음속으로 주님께 기도했다.

'주여, 돌아보아 주소서, 순산하게 하여 주소서.'

진찰 결과 아무런 이상이 없다고 했다. 혹시 잘못되는 것은 아닌가 하여 속으로 걱정했었는데 안심이다.

입원 수속을 하란다. 어차피 낳을 아기, 빨리 낳는 것이

하늘, 별, 사슴 그리고 환이

좋지 않겠느냐는 G 박사의 의견이다. 엄마와 함께 필요한 수속을 마치고 정해진 방으로 올라갔다. 아스라한, 무어라 표현할 수 없는 감회가 어린다. 이 방이 한 생명을 축복해 줄 수 있는 방이 될까 불안한 생각은 되도록 지우자.

잠시 창밖을 바라보고 있는데 간호사가 가운을 가져다 주며 갈아입고 따라오라고 한다. 핸드백을 엄마에게 맡기고 작별인사 없이 긴 복도를 따라갔다. 나는 꼭 돌아올 수 있으리라는 확신이 있었다.

엄마는 나 못지않게 더 떨리시겠지. 서른이 넘은 딸이 첫아기를 무사히 순산할 수 있을지. 복도에서 엘리베이터를 기다리고 있을 때 진통이 시작된 한 산모가 울고 있는 것을 보고 엄마는 걱정이 되시는지 자꾸 못 보게 하셨다.

거울 속의 내 모습을 유심히 들여다보았다. 내가 다시 그리운 가족들을 만나볼 수 있을까.

'주여, 순산할 수 있도록 도와주옵소서….'

아직 진통이 오지 않는다. 대개가 해산이 가까워지면 진통이 시작되어 산모들이 가족들의 부축을 받으며 병원에 찾아오곤 한다는데 나는 당당히 걸어 다니면서 입원수속도 하고 잘도 돌아다녔다.

나도 조금 후면 저 여자들처럼 고통이 심해 몸부림치겠지. 내 자신에게 다가올 진통의 두려움보다 자꾸 옆 침대에서 심하게 몸을 뒤틀며 울고 있는 여자에게 온 신경이 쏠린다. 무섭다가도 곧 차분해지고 떨리다가도 다시 가라앉고. 무슨 일이건 큰일에 부닥치면 오히려 당황하지 않고 나 스스로를 달래곤 하던 버릇이 이제는 나도 모르게 몸에 배어버린 것 같다.

진통이 온다. 조금씩.

오전 11시가 조금 넘었다. 엄마는 무얼 하고 계실까. 다행히 열 달 내내 입덧도 없었고 음식 먹는 것도 순조로웠고 건강하게 지내온 것을 새삼 하나님께 감사드리고 싶은 마음이다.

이상한 일이다. 딸인지 아들인지에 대한 궁금증은 조금도 없다. 딸이든 아들이든 순산하기만을 얼마나 기도했는지 모른다.

아가야! 네가 힘들지 않게 이 세상에 태어날 수 있도록 우리 힘을 내자, 아가야!

어느새 나도 벽을 부여잡고 몸부림을 치고 있었다. 하나님! 하나님! 세상에 태어나서 제일 고통스러울 때가 해산할 때라더니 이 아픔을 어디에 비길 수 있을까. 숨이 끊어질 것 같다. 나도 〈무기여 잘 있거라〉의 그 여주인공처럼 아기를 낳다가 숨이 끊어지는 것은 아닐까.

중학교 때 단체 관람을 했던 그 영화의 강한 인상 탓에 어릴 때부터 나는 이다음에 어른이 되어 아기를 낳게 될 때 그 여자처럼 죽으면 어쩌나 하는 막연한 공포심에 사로잡히곤 했었다.

이대로 내 숨이 끊어지는 것은 아닐까. 내가 벗어 놓은 신발을 다시 신을 수 있을까. 그럼 아기는, 나의 아기는 불쌍해서 어쩌나, 힘을 내자!

의사 선생님과 간호사가 시키는 대로 순종했다. 소리를 지르지 말라고 할 때는 나도 어금니를 악물고 참았다. 힘을 주라고 할 때는 온 힘을 기울였다. 죽어서는 안된다. 나도 나의 아기를 안아 보고 싶다.

'주여, 주여, 도와주소서.'

예상보다 빨리 분만이 되려나 보다. 의사 선생님이 달려오고 간호사가 내 코에 산소 호흡기를 갖다 대었다. 간호사의 목소리가 들려왔다.

"혈압이 떨어지는 것 같아요, 갑자기!"

나는 분만실로 실려 가고 있었다. 의사 선생님과 간호사들이 마스크를 하고 소독된 장갑을 꼈다. 무슨 호스 같은 것이 내 코에 와 닿는다.

"저, 수술해야 하나요?"

"아녜요, 잘 참았어요. 아무런 문제 없어요."

의사 선생님의 그 말씀 한마디가 마치 아버지의 말씀처럼 위안을 준다.

"너희들 이분 잘 알지? 앞으로 이분의 고운 목소리를 오래오래 들으려면 잘해 드려야 해."

"네, 알아요. 박인희 씨예요."

의사 선생님과 간호사의 목소리가 점점 멀게 들린다.

"저 좀 자도 될까요? 왜 이렇게 나른하니 잠이 올까요?"

"아무 염려 마시고 한숨 푹 주무세요."

이 긴 잠에서 내가 영원히 깨어나지 못하면 어쩌나 싶으면서도 스믈스믈 눈이 감긴다. 나는 마취 속에, 잠속에 빠져 들어가고 있었다.

얼마나 지났을까?

"박인희 씨, 순산하셨어요, 아들이에요!"

멀리서 들려오는 소리. 누군가 나를 흔들며 소리치는 쪽을 바라보니 간호사이다.

"정말이에요? 제가 순산했어요?"

"인희야! 수고했다, 수고했어."

엄마 목소리, 다시는 못 듣게 될 것만 같았던 엄마의 목소리였다. 복도에서 그 긴 시간을 쭉 기다리고 계셨나 보다. 남편은 말문이 막힌 채 내 손을 잡아 주었다. 하나님이 주신 아기다. 나는 영 자신이 없었다. 그래서 하나님께 더욱 감사드리고 싶었다.

유난히 머리숱이 탐스러운 나의 아기. 엄마를 닮아 머리 빛이 갈색이고 윤기 흐르던 너! 조그만 네가 나의 분신이라니…. 눈빛이 영롱한 나의 아기. 이 엄마가 처음 의식이 들었을 때 간호사가 너를 안고 나를 찾아왔었지. 너를 품에 안고 엄마는 눈시울이 뜨거웠다.

잠깐, 잠이 들었다가 멀리서 들려오는 노랫소리에 눈

하늘, 별, 사슴 그리고 환이

을 떴다. 합창이었다가 혼자의 목소리였다가 깊이 잠든 나를 깨우던 맑은 목소리.

'인생은 연기 속에 재를 남기고 말없이 사라지는 모닥불 같은 것.'

나의 노래 '모닥불'이 아닌가. 나중에 알았지만 그곳은 나의 입원실에서 얼마 떨어지지 않은 곳에 있는 정신병동이었다. 해가 질 무렵이나 깊은 밤, 그들의 정신은 깨어 그렇게 나의 노래를 부르는 것이다.

어쩌면 나도 말없이 사라지는 모닥불이 될 뻔하지 않았던가. 깨어 있음과 사라짐의 차이, 그 한순간을 생각하며 한밤중에 나는 잠들지 못한 채 그들의 맑은 목소리에 귀를 기울였다.

아기를 안고 퇴원하던 날, 비가 촉촉이 내리고 있었다. 오랜만에 맡아보는 풀냄새, 나무 냄새, 싱그러운 바람, 살아있다는 것의 가슴 떨림. 아기와 함께 비의 향기를 맡을 수 있다는 기쁨.

"주여, 감사합니다."

갈현동, 정든 나의 집 뜨락엔 도라지꽃이 그토록 아름다웠다. 비에 젖은 연한 보랏빛의 꽃잎이 나를, 아기의 생명을 축복해 주었다.

아가야.

조그만 너를 품에 안으면 지구를 안고 있는 느낌이 든다. 너의 가슴, 앙증스러운 너의 두 발, 조그만 너의 온몸이 나에게 안겨 올 때, 엄마는 향기로운 너의 내음에 취해 눈을 감는다.

소중한 아가야, 어서 무럭무럭 자라렴. 튼튼한 두 다리로 땅을 딛고 그리고 엄마랑 네가 가고 싶은 곳, 보고 싶은 곳으로 나들이 가자꾸나.

1976년 7월

하늘, 별, 사슴 그리고 환이

환이의
이해

"엄마, 어디 가?"

"엄마, 언제 와?"

"엄마, 어디 가는 것 싫어."

"엄마, 나랑 같이 놀자아."

"엄마, 방송국에 가?"

"엄마, 방송국에 가서 무얼 해?"

"엄마, 방송국엔 왜 꼭 가야 하는 거야?"

"엄마, 방송국에서 일하는 동안 피곤하지 않아?"

말을 하기 시작하면서부터 하루하루 환이의 질문은 끝이 없다. 어제 점심시간에 방송국 동료들과 함께 먹은 생선찌개 맛의 뒤끝이 좋지 않더니 밤새 식중독으로 고생을 하다가 나는 그만 쓰러지고 말았다. 기진맥진 몸이 아파 처음으로 방송국엘 나가지 못하고 누워 있는 나를 보고 환이는 이상했던 모양이다.

"엄마, 오늘은 왜 방송국 안 가? 빨리 가, 시간 늦어."

나는 얼굴이 확 달아오르고 목구멍이 뜨거웠다. 어린 환이는 매일 아침 내가 방송국에 가 있는 동안 엄마가 곁에 없어 무척 허전하면서도 어느새 일에 대한 책임을 알게 된 것이다.

쓰러지더라도 마이크 앞에 가서 쓰러져야 한다고 고집을 피우던 내가 현관 앞에서 쓰러졌을 때 가족들은 보다 못해 방송국으로 긴급 전화를 했던 모양이다.

매일 아침이면 바삐 나가야 하는 엄마와 떨어지는 것이 싫어도 어김없이 똑같은 시간에 울려 퍼지는 엄마의 목소리를 들으며 뛰어놀곤 하던 환이가 어느새 어린 상태로나마 엄마에겐 꼭 해야 하는 어떤 귀중한 일이 있음을 이해해 준 것이 고마웠다.

그리고 나의 목소리를 기다리고 있는 애청자들에게도 죄송했다. 자기 몸이 아픈데 죄송하다는 표현은 이해가 안 될는지도 모른다. 그러나 생방송은 어떤 이유를 막론하고 꼭 지켜져야 할 약속이다.

생방송에 쫓길 때는 몸이라도 아파 한 번 마음껏 쉬어 보았으면 했는데 막상 쓰러지고 보니 환이처럼 나도 마음이 편안하지가 않았다. 나 대신 갑작스레, 길들여지지 않은 프로그램을 떠맡고 스튜디오에서 긴장을 했을 사람을 생각하니 더욱 죄송하다.

방송은 마이크를 앞에 놓고 적당히 얼버무리는 속임수가 아니라, 마음의 X-레이인 것이다. 몸이 회복되면 더욱 열심히 일하고 싶다. 어디에선가 뛰어놀다가 무심히 나의 방송을 듣게 될 어린 환이가 '야! 엄마는 지금 저렇게 열심히 일을 하고 있구나. 엄마의 일을 잘해 내고 있구나' 하는 생각을 할 수 있도록.

별을
헤는 마음

"엄마, 별 보여 줘!"

방송국 일을 마치고 저녁에 집에 들어서기가 무섭게 네 살 난 환이는 늘 이렇게 조른다.

엄마 얼굴 마주치면, 장난감이나 과자 대신 별 보여 줘, 구름 보여 줘, 달 보여 줘 하며 습관처럼 얘기하는 어린 아들을 품에 안고 하늘을 우러러보는 순간은 모든 피곤함이나 어수선했던 일들조차 별이 되어 사라진다.

별을 바라보고 있으면, 차디찬 샘물에 얼굴을 씻은 듯 머릿속이 맑아 온다. 자리에 누워 하늘을 우러르면, 수직으로 가슴에 떨어질 만큼 별 하나가 서늘한 눈매로 나를

하늘, 별, 사슴 그리고 환이

내려다보고 있다. 밤새워 읽던 책을 잠시 덮어 두고, 싸아한 공기 속에서 파르르 떨고 있는 별들을 바라보면 박하내음에 취한 듯, 신(神)의 축복을 나 혼자 받는 듯하다.

그 무엇으로도 채워지지 않는 빈 가슴이 있거든 별을 헤어 보라. 어쩐지 서글퍼져 가까운 친구에게조차 털어놓을 수 없는 아픔이 있거들랑 별을 바라보라. 마음의 빗장이 스르르 열리는 소리를 들을 수 있을 것이다.

때로는 좀 밑지면서 살아가도 좋지 않은가. 빼앗기보다 줄 수 있을 때, 캐묻기보다 허물을 다독거려 줄 수 있을 때가 더 좋지 않은가. 저 눈물 속에 감추어진 웃음을, 웃음 속에 깃든 비애를 느낄 줄만 안다면, 아무 말 없음이 차라리 깊은 헤아림임을 별은 가르쳐 줄 것이다.

알지 못할
무엇에 이끌려

불현듯 깨어 일어나 이 글을 쓴다. 이 생각 저 생각 참
으로 많은 생각의 갈래들이 스치고 지나간다. 아끼던 촛
불 한 자루를 켜고 앉아 있는데 어둠 저편에서 '엄마' 하
고 부르는 소리가 들린다.

흠칫 놀라 바라보니 환이, 저 어린아이가 방문을 열고
서 있지 않은가. 방문 틈으로 새어 들어오는 불빛에 이끌
려 나왔나 보다.

"앉아서 책 보고 있어?"

또랑또랑, 정확한 발음이다. 마루의 벽시계는 새벽 4시
40분을 가리키고 있다. 환이를 꽉 안았다. 자리에 눕히려

하늘, 별, 사슴 그리고 환이

하는데 '산토끼' 하고 외친다. 피아노를 쳐 달라는 얘기다.

"산토끼도 코 자고 환이도 코 자고 피아노는 내일 아침에 쳐 줄게."

겨우 설득을 해 자리에 눕히고 이불을 여며주고 다시 마루로 나와 이 글을 쓴다. 아! 이번엔 인기척도 없이 방문 앞에서 환이가 나를 바라보고 서 있다. 달려가 다시 아이를 품에 안았다.

"너도 엄마랑 똑같았구나. 하나가 되었구나. 무엇인지 모를 어떤 것에 이끌려 이렇게 마루로 나왔구나."

환이는 나의 품에 얼굴을 묻은 채 몇 번이고 고개를 끄덕인다.

"정말 꼭 같애."

자그마한 소리로 그러나 힘있게 또박또박 내게 얘기한다. 2살짜리 네가 무얼 안다고. 그러나 너와 내가 이렇게 통해 있지 않니? 무엇보다 견고하게 말이야. 우리는 이렇게 닮아있구나.

새벽에 이끌려, 별빛에 이끌려, 들릴 듯한 소리에 이끌려 나온 이 엄마처럼 너도 알지 못할 무엇엔가에 이끌려 이 순간 나에게로 다가왔구나.

I love you

1983년, 환이가 일곱 살 때, 무얼 잘못했을 때 내가 토라져 화장실로 들어갔는데 잠시 후 화장실 바닥 틈으로 쪽지 하나가 살금살금 밀려 들어왔다. 그 쪽지가 바로 이것이다.

환이가 바닥에 납작 엎드려 이 쪽지를 밀어 넣었을 그 모습과 마음을 생각하고 가슴이 뭉클했었지.

하늘, 별, 사슴 그리고 환이

환이가
좋아하는 것

내가 제일 좋아하는 음악은
첫째가 찬송가
둘째는 클래식 음악
셋째는 엄마가 부른 노래

내가 제일 좋아하는 색깔은
첫째, 하늘색(하나님이 주신 바다가 하늘색이니까)
둘째, 노란색(하나님이 주신 햇빛이 노란색이니까)
셋째, 초록색(하나님이 주신 나뭇잎과 풀빛이 초록색이니까)
넷째, 빨간색(예수님이 흘리신 핏빛이니까)

우리둘이는

비바람을
맞으면서

책을 보고 있는 내 곁에서 환이가 상자를 뒤적였다. 무언가를 열심히 찾더니 녹음기에 테이프를 걸었다. 그 테이프는 샌프란시스코에서 엄마와 오빠가 내가 사는 여의도로 전화를 하셨을 때의 테이프였다.

그때, 국제전화를 오빠가 동시 녹음을 해두었다가 그곳에서 나에게 보내 준 테이프였다. 녹음기를 통해 다시 듣게 된 그 전화 내용 중에,

"아니, 왜 통 소식이 없니?"

"저… 그렇지 않아도 엄마 꿈꾸었어요. 오빠도 다 별고 없으시죠?"

하늘, 별, 사슴 그리고 환이

"아니, 꿈이나 마나, 무슨 소식이 있어야지. 전화도 없고 편지도 없고, 무슨 일이 있었어?"

"아니에요. 별일 없이 다 잘 있어요."

"방송은 계속하니?"

"네. 두 군데 그대로 다 하고 있어요. 시간도 예전 그대로예요."

"환이는 자니? 옆에 있어? 잘 있어?"

"네, 잘 놀다가 이제 잠이 들었어요."

이런 평범한 얘기가 오고 갔다.

지금 다시 들어보아도 저쪽, 샌프란시스코에서 들려오는 목소리는 크고 분명하고 궁금한 것을 묻는 다급한 목소리인데 대답을 하는 서울의 나의 목소리는 어딘가 풀이 없고 매우 가라앉은 목소리였다.

그 목소리를 곁에서 듣고 있던 환이가 침대 위로 어기적어기적 올라왔다. 내 품에 얼굴을 파묻으며 작은 목소리로 물었다.

"엄마, 두 군데가 어디야?"

"응. 엄마가 예전부터 방송하던 데가 KBS 방송국하고 MBC 방송국 두 군데였잖아. 그 얘기야."

"엄마, 수고하셨어요. 정말. 두 군데나 일하시느라고 힘이 얼마나 드셨을까?"

나는 가슴이 뭉클했다. 어느새 환이가 자라 엄마의 마음을 다 헤아려 주게 되었나.

"수고는 뭘, 방송일은 엄마가 정말 좋아서 한 일인데…
환이는 잘 알잖아. 엄마가 방송하는 일을 얼마나 좋아하
는지."

"알아요… 고생 참 많으셨어요, 엄마. 고마워요, 엄마."

"환이 너 생각나니? 저 테이프 속의 엄마 목소리가 왜
저렇게 풀이 없고 쓸쓸해 하는지를."

"네, 그때 제가 다섯 살 때였지요? 겨울에 감기가 몹시
들어서 막 열이 나고 아프고, 편도선 때문에 목이 붓고.
병원에서 주사를 맞고 돌아와도 잘 낫질 않고, 엄마가 저
때문에 잠도 못자고 제 옆에서 지켜 주시고, 꼬박 밤을 새
우다 아침 일찍 방송국에 가시고… 엄마가 저 때문에 그
때 많이 우셨지요. 엄마, 저를 길러 주시느라고 고생 참
많으셨어요."

환이의 눈언저리를 스치는 눈물.

"엄마만이 아니라 이 세상의 모든 엄마가 그렇게 가슴
졸이고 살아가는데 뭘. 엄마가 특별히 고생이랄 것 있니?
그치만, 그때 네가 그렇게 열이 많이 나고 병원에 갔다 와
도 잘 낫질 않고 해서 엄마도 속으로 무척 안타까웠어."

열이 펄펄 끓어 온몸이 불덩이 같은 환이를 남겨두고
이른 아침 눈길을 헤쳐가던 그때. 생방송에 쫓겨 방송국
으로 달음질치며 마음속 울음을 짓누르던 나날들.

아이러니하게도 그런 아침에 맞닥뜨린 연사는 유아교
육에 관해 열변을 토하고, 인터뷰를 하면서도 나는 내 자

하늘, 별, 사슴 그리고 환이

신을 얼마나 어이없어했던가.

어린 아들이 불덩이 입술로 엄마를 부르짖는 시간에 간호는커녕, 최소한 아이 곁에 함께 있어 주지 못하는 엄마. 마이크 앞에서 침착한 사회자로 사람들은 나를 인정해 주고 있지만, 그러할 때 마음속으로 얼마나 주님을 찾아 헤맸던가. 도무지 큰 소리라곤 날 일이 없는 집안이지만 아이가 몹시 아플 때만은 남편도 예외는 아니었다.

"아니, 아이를 어떻게 돌봤길래 저 지경이야?"

확고한 자신의 일을 가지고 있고 그 일을 위해 누구보다 열정과 책임을 다하면서도, 아이가 아플 때만은 엄마의 도리를 다 못한 것 같아 스스로 처참하게 무너지고 만다.

쓰디쓰게도 그러한 경우, 이 세상의 모든 남편은 당당하게 할 말이 있고 아내는 할 말이 없다. 아빠는 큰 소리로 화를 낼 수 있어도 엄마는 죽은 듯 고개 숙일 수밖에 없다. 오직, 가슴이 찢어지며 주님께 매달릴 뿐이다.

"저의 잘못을 용서해 주옵소서. 제발, 제발, 열 좀 내리게 해주옵소서. 씻은 듯, 아이는 낫게 하여 주시옵고 아이 대신 제가 저 짐을 질 수 있게 하옵소서."

이 세상의 모든 엄마는 아이가 아플 때 아이의 아픔 그만큼, 어쩌면 아픔 그 이상으로, 피멍울 하나씩을 가슴에 새기고 살아가는 것이다. 그런 생각에 젖어 나는 쓸쓸히 웃었다.

테이프 속의 목소리를 들으며 더욱 가슴으로 파고들던

우리둘이는   238

환이가 나를 다독여주었다.

"엄마, 고생 많으셨어요. 저 때문에, 이 못난 저 때문에, 저 같은 말썽꾸러기 때문에, 엄마 말씀도 잘 안 듣는 나쁜 아이 때문에…."

"그렇지 않아! 네가 왜 나쁜 아이니? 물론, 어떤 때는 엄마 말을 잘 안 들어 속상할 때도 있었지만, 누구나 그렇게 조금씩 말썽을 부리면서 크는 거란다. 기계도 삐끗하니 고장 날 때가 있는데 사람이라고 항상 말을 잘 듣겠니? 창밖의 나무들을 보아라. 나무들도 저렇게 가만히 서 있지만, 사실은 비바람을 맞으면서 그렇게 흔들리면서 자라는 거야."

십자가와
예수님

　손에 연필이나 크레용을 쥘 줄 알게 되면서부터 환이의 낙서에 빠지지 않는 것이 있다. 그것은 십자가와 예수님의 모습이다. 벽이고 신문지이고 책이고 어디이고 간에 환이의 손이 스쳤다 하면 으레 십자가와 예수님의 그림이 그려져 있다.

　나무젓가락으로 실을 감아 무얼 만들어도 십자가이고 바닷가에서 조가비와 고동, 예쁜 돌들을 주워도 그 위에 크레용으로 십자가를 그려 놓았다.

　가족 중에 어느 누구도 십자가와 예수님을 그려 보라고 한 번도 시켜 본 일이 없다. 처음엔 스쳐 버렸으나 차츰 커가면서까지 하나의 버릇처럼 십자가와 예수님을 그리는 모습을 눈여겨보고 이제는 주님께 감사드린다.

솔직히, 기도가 잘되지 않거나 마음이 어수선하다가도 무심코 환이가 십자가와 예수님을 그리고 있는 것을 볼 때 나는 나 자신을 일깨울 때가 많다.

"주님! 환이를 통해 주님의 사랑을 깨우쳐 주시는군요. 정신 차리라는 말씀보다 더욱…."

멋지게 근사하게 아름답게 그려진 그림이나 낙서가 아니다. 그러나 어린 손으로 삐뚤삐뚤하게 아무렇게나 그어진 선이며 낙서와 마주치는 순간, 나는 마음속으로 깊이 참회하게 되고 감사드리게 된다.

하늘, 별, 사슴 그리고 환이

주의 말씀

어느 날, 환이는 노트에 이런 글을 적어 놓았다. 또박또박, 연필 글씨이다.

주의 말씀

(성경을 읽다가 그린 그림인 듯하다. 성경책 위에 작은 십자가를 그렸다.)

여호와께 감사하라.

그는 선하시며 그 인자하심이 영원함이로다.

시편 136편 1절

그가 찔림은 우리의 허물을 인함이요

그가 상함은 우리의 죄악을 인함이라.

이사야 53장 5절

예수는 그 지혜와 그 키가 자라가며

하나님과 사람에게 더 사랑스러워 가시더라.

누가복음 2장 52절

여호와는 나의 목자시니 내가 부족함이 없으리로다.

시편 23편 1절

울며 씨를 뿌리러 나가는 자는 정녕 기쁨으로 그 단을 가지
고 돌아오리로다.

시편 126편 6절

오늘날 다윗의 동네에 너희를 위하여 구주가 나셨으니….

누가복음 2장 11절

(그리고 이 글 아래 그림이 하나 그려져 있었다.)

환이의 설명을 따로 듣지 않는다 하더라도 곧 알 수 있
었다. 성경을 읽다가 마음이 뜨거워져 환이 자신도 모르
게 그린 십자가와 성경의 말씀이라는 것을.

하늘, 별, 사슴 그리고 환이

언제나, 무엇인가를 그렸다 하면 틀림없이 십자가의 그림이지만 이번에 그린 십자가는 다른 때와는 달랐다. 특히, 눈길이 떨어지지 않는 부분이 십자가 아랫부분이었다. 마음속으로 내 나름대로 강하게 느껴지는 것이 있었으나 환이에게 한 번 물어보았다.

"환아, 오늘 십자가는 좀 다르구나."

"아, 여기! 비둘기예요. 비둘기 날개."

"역시 그랬었구나. 엄마두 그런 생각을 했어."

"십자가를 그리는데 저두 모르게 이렇게 비둘기 날개가 그려졌어요."

색칠한 것도 아니고 그냥 연필로 그려진, 환이 나이 또래면 그 정도는 누구나 그릴 수 있는 서투른 낙서일는지 모르지만, 그 서투르게 그린 십자가를 보면서 그 순간 나는 마음이 뜨거워졌다.

비둘기 성령. 지난번 비둘기를 통해 나에게 평온함을 안겨 주시더니 성령님이 이번엔 어린 환이를 품어 주셨구나.

"엄마, 왠지는 저두 모르겠지만 이 십자가와 비둘기 날개를 그리는데 마음이 그렇게 편안했어요."

행복한
뽕나무

"엄마, 예수님에 관한 영화가 그렇게 많은데 영화마다, 삭개오에 대한 것은 왜 한 장면도 없어요?"

영화 〈왕의 왕〉을 보던 환이가 부엌에서 설거지를 하고있는 내게 다가와 물었다.

"삭개오도 처음엔 돈만 알던 세리였지만 예수님을 만나려고 그 조그만 사람이 뽕나무에까지 올라가고 얼마나 노력했어요? 그런데 왜 영화마다 그 삭개오는 한 번도 소개하지 않느냐구요?"

"글쎄 말이다. 네 말을 듣고 보니 정말 그렇구나. 엄마두 그렇게 많은 영화를 보았지만 아직 한 번도 삭개오는

하늘, 별, 사슴 그리고 환이

만나지 못했어."

"왜 그럴까요?"

"환이 네가 한번 이담에 만들어 보렴."

"그럴까요?"

"그래, 또 누가 알아? 우리 환이가 멋진 전도 영화를 만들게 될지."

"그럼, 엄마 잠깐만 기다리세요."

"그래."

"이렇게 좀 해보세요."

환이는 설거지를 하는 내 등 뒤로 바짝 오더니 내 몸을 자기 앞으로 한 바퀴 돌려세웠다.

"왜 그래?"

"글쎄 잠깐만 기다려 보세요."

환이는 그대로 서 있는 나의 목을 두 손으로 잡고 기어 오르기 시작했다.

"애는, 내가 뽕나무인 줄 아니? 나무처럼 기어오르게."

"엄마가 지금 그러셨잖아요? 절 보구, 이담에 만들어 보라구… 이담에까지 기다릴 것 없이, 지금 당장 만드는 거예요."

"그래도 네가 커서 어른이 되면 영화를 만들라구 했지. 어디 엄마한테 기어 오르라구 했어? 엄마가 완전히 뽕나무가 됐구나."

우리는 서로 끌어안고 환이는 뽕나무에처럼 내 목에

대롱대롱 매달린 채 웃고 말았다.

부자이며 세리장인 삭개오. 예수님이 여리고로 들어가실 때 키는 작고 사람이 많아 예수님을 제대로 볼 수 없게 되자 그는 앞으로 달려가 예수님을 보기 위하여 뽕나무에 올라갔다. 마침 그리로 지나가시던 예수님이 뽕나무에 올라가 있는 삭개오를 보셨다.

그를 올려다보시며 부르셨다.

"삭개오야, 어서 빨리 내려오너라. 내가 오늘 너의 집에 머물러야 하겠다."

키 작은 삭개오는 그 순간 예수님의 말씀을 듣고 얼마나 뛸 듯이 기뻤겠는가. 급히 뽕나무에서 내려와 기쁘고 감사하는 마음으로 예수님을 잘 모셨다.

어떻게 예수님이 다른 좋은 곳을 다 남겨 놓으신 채 저렇게 키도 작고 보잘것없는 죄인의 집에 들어가 머무르실까, 사람들마저 수군댔다. 그러나 세리로 돈만 알던 삭개오는 예수님께 이렇게 말씀드렸다.

"주여, 보시옵소서. 내 소유의 절반을 가난한 자들에게 주겠사오며 만일 남의 것을 빼앗고 가로챈 일이 있으면 네 배나 갚겠습니다."

예수께서 말씀하셨다.

"오늘 구원이 이 집에 이르렀다."

삭개오에 관한 얘기를 자세히 알고 있는 환이는 지금

하늘, 별, 사슴 그리고 환이

보다 더 훨씬 어렸던 꼬마일 때부터 누가 나무에 올라가는 모습을 본다거나, 키가 작은 사람을 보면 '삭개오 같네' 소리를 자주 하곤 했었다. 나무에 기어 올라가는 다람쥐를 보고도 '삭개오 봐라' 하며 웃곤 했었다.

"환아, 너는 삭개오가 그렇게 좋으니?"

"좋은 것보다 고 조그마한 사람이 얼마나 예수님이 보구 싶었으면, 그렇게 나무에까지 기어 올라갈 수 있었겠어요? 귀엽구, 사랑스러워요. 옛날에 잘못한 것두 다 뉘우치구."

환이는 내 목을 끌어안고 대롱대롱 매달린 채 떨어질 줄을 몰랐다.

"나두 삭개오처럼 예수님을 만나 싶어요, 엄마."

"환이가 그렇게 간절히 믿고 있으면, 이미 너는 예수님을 만나고 있는 거야. 네 마음속에."

행복한 뽕나무!

그래. 오늘은 환이 너를 위해 이 엄마가 기꺼이 뽕나무가 되어주마.

환이의
실망

바둑을 두다가 궁지에 몰리면 환이는 고개를 푹 숙인
채 한참을 아무 말이 없다. 기다릴 만큼 기다려 보아도 여
전히 패잔병처럼 고개를 푹 숙인 채로다.

"포기하는 거니?"

"……."

"도중에 포기하는 일은 없어. 지더라도 끝까지 둬."

"세어 보나 마나 제가 진 건데요, 뭘….."

"열심히 두다 보면 달라질 수도 있어."

"엄마가 일부러 져 주시는 것은 싫어요."

"일부러 그렇게는 안 해. 하지만, 질 것 같다가도 네가

하늘, 별, 사슴 그리고 한이

잘 생각해서 열심히 두면 엄마를 이길 수도 있지 않니?"

"이번엔 틀렸어요. 더 이상 두나 마나 졌는데요."

"이기느냐 지느냐, 그것만이 문제가 아니야. 네가 지금 부딪치고 있는 어려움과 얼마나 최선을 다했는가, 그것이 더욱 중요해."

"……."

"최선을 다했으면 졌다고 해서 슬퍼할 건 없어."

"……."

"사람은 누구나, 언제나 이기는 것은 아니야. 이긴다고 다 좋은 것도 아니고. 어떻게 이겼느냐, 어떻게 졌느냐가 더욱 중요해. 그리고 사람은 질 수도 있는 거야. 이기고 싶어도 이기지 못하고 질 때가 더 많은 법이야."

"엄마도 질 때가 있으세요?"

환이의 목소리는 점점 기어들어갔다.

"있고말고. 엄마두 이길 때보다 질 때가 더 많았어. 바둑뿐이 아니고 모든 일에. 엊그제두 너랑 오목 두다가 몇 판이나 졌잖니?"

"오목은 바둑보다 쉬우니까 그랬겠지요. 또 알아요? 엄마가 절 이기게 하시려고 슬쩍 져 주셨는지… 엄마는 가끔 그러시잖아요."

이건 게 아니라 가끔, 일부러 환이에게 내가 져 준 적도 있긴 있었다. 그러나 엄마라고 항상 이기는가. 바둑이고, 오목이고 열심히 두다 보면 나도 제풀에 헛수를 둘 때

우리둘이는

가 많았다. 기를 쓰고 두다가는 나 자신도 궁지에 몰려 환이가 한 수쯤 물려 주었으면 하고 안타깝게 바랄 때도 많았다. 어찌 어른이라고 항상 잘하고 이길 수 있는가. 나도 예외는 아니다.

내가 나 자신에게 발목을 덥석 잡히다 보면 아무리 어린 아들과의 게임이지만 가슴속이 부글거리기는 마찬가지다. 분통을 참느라고 부끄러운 모습이기는 어린아이나 어른이나 다 마찬가지다.

환이의 손등에 눈물방울이 떨어졌다.

"환아, 이건 단지 게임일 뿐이야."

"알아요."

울음을 참느라고 환이의 목소리가 가늘게 떨렸다.

"근데 왜 우니? 사람은 울어야 할 때 울 줄도 알아야 하지만 오늘처럼, 이만한 일에 눈물 흘리고 하면 약한 사람 되는 거야. 그냥 이건 엄마하구 너하구 둘이 게임을 한 것뿐인데."

"……."

"엄마한테 졌다구 속상해서 그러니?"

"아니에요."

"그럼, 왜 울어?"

"…제가 저 자신한테 실망을 느껴서 그래요. 제가 과연 이만큼밖에 못하나. 그게 속상해요. 엄마는, 내 엄마니까 제가 암만 엄마한테 져두 그런 것은 하나두 슬프지 않아

　　　　　　　　하늘, 별, 사슴 그리고 환이

요. 지금보다 더 형편없게 져두 엄마는, 내 엄마니까… 내 좋은 엄마니까…"

나는 그만 가슴이 저려 왔다. 나도 나 자신에게 실망을 느낄 때가 얼마나 많은가.

바둑판 앞에서 뿐만이 아니다. 잘 나가다가도 제풀에 겨워 주저앉고 싶을 때도 많았고 한 아이의 엄마로서도 아내로서도 더욱, 한 인간으로서도 스스로 실망할 때가 얼마나 많은가. 산다는 것은 자기 자신과의 끝없는 싸움이 아닌가.

측은하기는 환이보다 하나도 더 나을 것이 없는 이 엄마다. 나는 울고 있는 환이를 가슴에 꼭 안아 주었다. 내가 환이를 따스하게 해주는 것이기보다 조그만 환이의 가슴이 오히려 내 가슴을 훈훈하게 덥혀 주었다.

"환이야, 엄마두 사실은 엄마 자신에게 실망을 느끼고 슬퍼질 때가 많아. 어린 너에게 부끄러워질 때도 참 많구. 그러나 때때로 세상을 살아가면서 상대방에게, 또는 엄마 자신에게 지고 말 때, 그래서 실망하고 슬퍼질 때, 오히려 많은 생각을 하게 되지.

아! 이럴 때는 이렇게 했으면 좋을 것을 내가 참 잘못 했구나. 마음속으로 깊이 뉘우치게 되지. 만약에 언제나 모든 깃을 엄마기 다 잘할 수 있거나 이길 수만 있다면, 아마 기쁘다는 생각밖에 하지 못할 거야. 처음엔 기쁘다가 나도 모르게 우쭐해서 오만해질 수도 있을 거야.

그러나, 엄마는 질 수도 있기 때문에, 이길 때보다 질 때가 더 많기 때문에, 사람은 이렇게 약하구나 하는 생각을 많이 하게 돼. 그럴 때 우리 마음속에서 다시 용기를 주시고 일으켜 세워 주시는 이가 누구겠니?"

　내 가슴속에서 환이의 작은 가슴이 팔딱이며 이렇게 얘기하고 있었다.

　"예수님."

　"환이 말이 맞았어. 그러니까 우리의 약함을 다 알고 계시는 예수님께 더욱 기도 많이 해야겠지? 기쁠 때도 잊지 말고 기도해야 하지만, 실망할 때도 슬플 때도 기도해야지. 하나님의 뜻은 바로 그것이잖아."

　환이의 맑은 눈망울이 나를 바라보았다. 눈물로 씻겨진 눈망울은 슬픔이 아니라 확신으로 빛나고 있었다.

　"질 줄 아는 것도 좋은 거야. 이기는 것 못지않게…"

빵 하나가
생기면

환이와 둘이 바둑을 두었다. 그때 FM 라디오에서 흘러나오는 음악이 있었다.

"We are the world. We are the children⋯."

한 점도 지지 않을세라 골똘히 바둑을 두던 환이가 갑자기 눈물이 핑 돈 채 고개를 숙였다. 두 손을 움켜쥐고 소리 없이 어깨가 들먹여지기 시작했다.

"주님! 나 하나만을 생각하기보다 불쌍한 다른 사람도 생각하게 해주세요. 아프리카는 불쌍한 사람들로 가득 찼습니다. 배고픈 아프리카 사람들에게까지 주님의 사랑을 전할 수 있도록 도와주세요.

빵 하나가 생기면 맛있다고 저 혼자만 먹지 않게 해주세요. 맛있는 빵이 먹고 싶어도 없어서 못 먹는 가난한 친구들도 생각하게 해주세요. 그 친구들을 잊지 않고 함께 나눠 먹을 수 있게 해주세요.

좋은 옷을 입고 싶어도 돈이 없어, 찢어지고 구멍 뚫린 옷을 입은 가엾은 친구들을 볼 때 흉보지 않고 그런 아이들과 더욱 친할 수 있게 도와주세요. 때 묻고 더러운 아이들도 속마음은 깨끗합니다. 앞으로는 그런 아이들과 마주칠 때 피해 도망가지 않고 제가 먼저 달려가 먼저 말할 수 있게 해주세요."

〈아마데우스〉를
보고

"웬 떡이냐?"

"뭐가 '웬 떡이냐'니?"

"기쁘고 슬프고… 그런 감정을 같이 느낄 수 있으니까 이게 웬 떡이냐지요."

영화를 다 보고 난 후 계단을 내려오다가 둘이 마주 보고 한참 웃었다.

환이야, 네가 아주 갓난아기였을 때, 또는 네가 걸음마를 시작했을 때 나는 너를 바라보며 이런 소망을 갖곤 했다. 네가 빨리 자라 엄마와 함께 좋은 음악회도 같이 가고 연극도 함께 보고 박물관에도 함께 가서 아름다움을 함께 느낄 수 있다면 얼마나 좋을까. 그림도 보고 노을도 보고 들꽃도 보고 구름도 보고….

아홉 살 너의 나이로 모차르트를 이해한다는 것은 어려울지 몰라도 아름다움을 만날 수 있는 기회는 만들어 주고 싶었다.

그런데 너는 세 시간가량이나 되는 긴 영화를 줄곧 감동하며 보았지. 네가 얼마나 열심히 보고 있었던지, 어둠 속에서도 너의 눈망울은 또렷하게 빛나 보였어.

첫 번째 상영이라 이른 아침 시간에 객석에 앉아 있는 사람은 우리까지 모두 15명. 어쩌면 거짓말처럼 모두 머리 하얀 할머니 할아버지뿐이었는지. 모두 모차르트를 사랑하는 어른들이지. 그 속에 어린이는 너, 단 한 명이었지.

영화가 끝나고 그 영화를 만들기 위해 수고한 사람들의 이름이 자막에 하나하나 소개될 때 흐르던 피아노 선율. 너는 그 어둠 속에서 가만히 내게 말했지.

"엄마, 이 음악 다 듣고 가요."

오직 우리 둘뿐이었어. 모두가 홀홀 일어나 떠나가 버린 텅 빈 자리에 남아 있는 사람은.

엄마는 너에게 무엇이든지 절대로 강요하지는 않으려고 해. 네가 보고 듣고 직접 느끼는 것, 그것이 중요하거든? 어린 시절에 아름다운 기억들을 하나씩 하나씩 쌓아

하늘, 별, 사슴 그리고 환이

갈 수 있다는 것은 얼마나 하나님께 감사한 일이니?

　이다음에 커서, 세상을 살아가다가 가끔 쓸쓸해지거나 어린 날들을 되돌아보게 될 때, 그 어린 시절이 아름다운 추억으로 가득하다면 너는 결코 외롭지 않을 거야. 섭섭하고 화가 나고 마음으로 용서하지 못해 안타까운 일들만 되돌아보는 그런 가엾은 노인이 되지 않기를 엄마는 바라.

　아름다운 기억으로 인해 눈물을 미소로 바꿀 수 있는 그런 날들이기를 간절히 바라.

예수님을
위해서

    학교에서 돌아온 환이가 책상 앞에 앉아 무엇인가를 열심히 쓰고 있다.

    "숙제가 많은가 보구나, 오늘은."

    "숙제가 아니고요, 엄마가 사인을 해주실 게 있어요."

    내미는 종이에는 깨알 같은 글씨들이 박혀 있다. 같은 내용의 질문이 인쇄된 종이가 두 장이다. 한 장은 학생 스스로가 정확하게 자신의 생각을 써야 하고 또 한 장은 부모가 느끼는 대로를 적어야 한다.

    학생의 성적, 적성, 희망 사항 등을 솔직하게 써야 하는데 그것은 강요나 눈치작전으로 될 일이 아니다. 이를 테면… '학교에서 배운 도덕을 집에서나 사회에 나가서는 어떻게 활용하는가?' '왜 나는 공부를 하고 있는가?' '이 다음에 나는 무엇이 되고 싶은가?' 등, 질문사항이 많다.

앞뒤로 인쇄된 종이에 하나하나 자신의 의견을 적은 다음 부모가 점검해 보고 사인해서 보내는 것이다. 부모 의 몫으로도 같은 내용의 질문 용지가 있어서 응답이 서 로 같을 수도 다를 수도 있다.

이렇게 응답한 것을 학교에 제출하면 학교에서는 이 응답 사항들을 토대로 하여 학생 자신이 그리고 부모가 학교에, 학생에게 무엇을 원하고 있는가를 정확하게 파악 해서 교육 방침에 반영하자는 것이다. 내가 쓴 것과 환이 가 쓴 것을 비교해 보니, 비슷한 것도 있고 일치하는 것도 있고 아주 다른 의견도 있다.

'나는 이다음에 어떤 사람이 되고 싶은가?'라는 질문 앞에서 나는 환이의 마음을 차근차근 읽어 보았다.

'나는 목사님이 되고 싶어요. 그리고 좋은 사람이 되고 싶어요. 불쌍한 사람들을 돕고 싶어요.'

환이는 이렇게 썼다.

'당신의 자녀가 이다음에 어떤 사람이 되기를 바라고 있는가?'

내 몫의 질문에 나는 이렇게 썼다.

'아직은 구체적으로 어떤 사람이 되기를 바란다고 설 명하기 힘들다. 부모의 욕심을 아들에게 강요하고 싶지는 않다. 강요하지는 않되, 아들이 원하고 있는 목표가 뚜렷하면 그 목표를 향해 걸어갈 수 있도록 이끌어 주고 싶다. 성실하고 책임을 다할 수 있도록.'

그러나 환이의 마음을 읽어 보고 나는 새삼 놀랐다. 이미 어릴 때부터 "이다음에 커서 무엇이 될래?"라고 어른들이 물어보면 "목사님이요" 하던 환이었으나 이렇게 학교에까지 자신의 뜻을 당당하게 써낼 수 있을 만큼 목표가 굳은 줄은 몰랐다.

차근차근 그 대목을 읽고 있는데 환이가 갑자기 생각이 난 듯이 말했다.

"엄마! 한 가지 빠뜨린 것이 있어요. 가장 중요한 것!"

환이는 질문 종이를 끌어다가 무엇인가를 다시 썼다. 지우지 않고 몇 자 더 써넣는 모양이다.

"엄마, 이젠 다 됐어요. 읽어 보시고 사인해 주세요."

환이가 내 곁으로 내민 종이엔 이렇게 쓰여 있다. 조금 전에 읽어 본 바로 그 대목.

'나는 목사님이 되고 싶어요. 그리고 좋은 사람이 되고 싶어요. 불쌍한 사람들을 돕고 싶어요.'

그 밑에 한 줄의 글씨가 확 내 눈에 들어왔다.

'예수님을 위해서.'

하늘, 별, 사슴 그리고 환이

천국 가는
날까지

7월 5일, 환이의 생일이다.

강의가 끝난 후, 학교 구내매점 UCLA 마크가 예쁘게 새겨진 연필 두 자루를 샀다. 하얀색과 갈색으로. 그리고 작은 계산기 하나를 샀다. 학교 앞 선물 집에서 산, 모차르트의 피아노 협주곡 9번과 20번, 베토벤의 아름다운 음악들이 녹음된 테이프를. 'I love you now and always'라는 글씨가 새겨진 자줏빛 볼펜 한 자루.

예쁘게 포장을 한 선물을 네 가슴에 안겨 주었을 때 나의 목을 끌어안고 목이 메어 흑흑 느껴 울던 너.

"엄마, 선물 고마워요."

"……."

이 엄마를 닮아 감정이 여리고 여려 아름다운 것, 기쁜 것, 감사한 것을 느낄 때면 너는 곧잘 눈망울에 샘물이 고이곤 하지. 너와 다시 듣는 모차르트의 피아노 협주곡 9번과 20번의 전 악장. 너는 기쁨에 젖어 눈빛을 반짝이며 엄지손가락을 내게 흔들어 보이며 웃었지.

"아름다워요, 슬프게…"라고 말하며.

나이 들어가면서 더욱더 좋아지고 가까워지는 우리 '둘'의 모차르트. 엄마는 어릴 때 지금만큼은 모차르트를 좋아하지 못했어. 좋아는 했지만 지금처럼 아주 많이는 아니었지.

어릴 때의 엄마는 슈만이나 브람스 그리고 슈베르트와 차이콥스키를 좋아했지. 간결함, 샘과 같은 맑음, 그 천진함 속에 깃든 우수. 모차르트의 음악을 들을 때마다 엄마는 죄의 허물을 벗는 느낌이 든다.

엄마가 사 준 자줏빛 볼펜을 꺼내 바라보며 너는 이렇게 말했지.

"엄마, 정말 이 글씨가 맘에 들어요. I love you now and always!"

볼펜에 입맞춤을 했지.

"그래? 그럼 네가 잘 간직해 두었다가 이다음에 환이가 커서, 아주 무척 사랑하는 사람을 만나게 되면 그 사람한테 주어라."

그러나 너는 펄쩍 뛰었지. 그리고 소리쳤지.

"아니에요, 이것은 내가 오래오래 간직할 거예요. 이다음에 내가 커서 어른이 되고 또 그것보다 더 오래오래… 내가 천국에 갈 때까지."

"아니야, 괜찮아. 환이가 사랑하는 사람에겐 무엇이든지 아끼지 말고 네가 좋아하는 것을 다 주어도 돼."

"그래도 안 돼, 이것만은 안 돼. 이건 내가 잘 간직하고 있을 거예요. 천국 가는 날까지…."

환이가 사랑하는 사람은 어떤 모습일까. 네가 사랑하는 만큼, 엄마도 그 여자를 한없이 아껴 줄 텐데….

엉뚱한 생각을 혼자 해보았다. 아직 어린 너를 두고. 이마가 시원한 환이야.

우리둘이는

우리를 시험에
들게 하지 마옵시고

밤 10시.

"침례를 받은 후엔 더욱더 기도에 힘써야 한다."

어머니의 말씀을 듣고 텔레비전 스위치를 껐다. 환이
가 오늘 저녁은 대표로 기도하고 싶다고 자청했다. 나는
손을 깨끗이 씻고 돌아왔다. 우리는 무릎을 꿇었다.

"하나님 아버지, 우리 할머니 아무 데도 아픈 데 없도
록 해주세요. 아픈 데 있으시면 주님께서 다 낫게 해주세
요. 그리고 우리 엄마 학교에서 공부하시는 데 어려운 일
있으시면 그것도 우리 주님께서 하나하나 다 풀어 주세
요. 엄마가 시험 볼 때나 숙제하다가 힘들게 느껴지고 잘

하늘, 별, 사슴 그리고 환이

안될 때는 꼭 주님께 말씀드리고 주님과 함께 풀어나갈 수 있도록 간절히 기도합니다.

그리고 한 달 동안 멀리 시카고로 출장 가신 우리 외삼촌, 비록 멀리 떨어져 있어도 항상 주님께 기도하고 주님과 의논 드리는 생활을 하실 수 있도록 주님께서 도와주실 줄 믿습니다.

우리 외숙모, 진이 누나, 사라 그리고 우리 친척들 다 항상 주님께서 지켜 주시고 주님께로 가까이 나아가는 하루하루가 되도록 주님께 부탁드립니다.

그리고 저의 이가 빨리 나올 수 있게 도와주시고 오늘밤 잠잘 때는 이를 갈지 않도록 해주세요.

예수님의 이름으로 기도드립니다. 아멘."

(얼마 전 윗니를 뺀 환이는 조금 밖에 나오지 않은 윗니에 무척 신경을 썼다.)

그리고 우리는 주기도문을 드렸다.

하늘에 계신 우리 아버지, 이름을 거룩하게 하옵시며 나라에 임하옵시며 뜻이 하늘에서 이룬 것같이 땅에서도 이루어지이다.

오늘날 우리에게 일용할 양식을 주옵시고 우리가 우리에게 죄지은 자를 사하여 준 것같이 우리 죄를 사하여 주옵시고 우리를 시험에 들게 하지 마옵시고 다만 악에서 구하옵소서. 대개 나라와 권세와 영광이 아버지께 영원히 있사옵

나이다.

아멘.

우리는 오늘 밤 특히 '우리를 시험에 들게 하지 마옵 시고'에 온 마음을 모아 아뢰었다. 기도가 끝난 뒤 환이는 안타까운 듯 말했다.

"엄마, 나 어떻게 하지? 오늘은 기도가 잘 안 돼요. 예 수님께서 죄송해서 어떡하지?"

환이를 가슴에 안아 다독거리며 나는 말했다.

"환이야, 엄마도 기도가 잘 안 될 때가 있어. 잘 안 될 때가 잘 될 때보다 더 많아. 그렇지만 괜찮아. 기도는 엄마 나 할머니가 들으시라고 하는 것이 아니라 주님께 드리는 것이니까. 잘 안 돼도 주님은 너의 기도를 귀담아들어 주 실 거야.

술술 외듯이 잘한다고 반드시 좋은 기도는 아니야. 더 듬거려도 괜찮아. 주님은 우리의 속마음을 다 알고 계시 니까 거짓 없이, 하나도 숨김없이 주님께 말씀드리면 조 금 더듬더라도 주님은 그 기도를 더 기뻐하신단다."

1985년 7월 23일

환이의 꿈

"환이는 이다음에 커서 무엇이 될래?"

환이가 차차 커가면서 말을 하기 시작했을 때 어른들은 궁금하게 물었다. 세 살 때였다.

"목사님."

망설임도 없고 더듬지도 않았다. 할머니도 아빠도 나도 깜짝 놀라고 말았다. 다른 어른들이 궁금해하셔도 항상 똑같은 대답이다.

"역시 내 손자야."

할머니는 대견해 하시며 가슴에 안으신 채 뽀뽀를 해주신다. 아빠는 조금 섭섭해하는 눈치다. 왜 하필이면 목사님일까 아쉬워할 만도 하다. 다른 집 아이들은 대통령이요, 장군이요, 변호사요, 선생님이요, 의사요, 교통순경이요, 운전사요… 하는데 뜻밖에 '목사님'이라고 환이가 대답했으니 아빠인들 놀라지 않겠는가.

나도 솔직히 놀라운 대답이었다. 그러나 조금도 섭섭하지 않았다. 하나님의 영광을 위해 사명을 깨닫고 그 길을 가려는 결심은 은혜이기 때문이다. 그러나 세 살의, 이제 겨우 말을 하는 어린아이가 하나님의 영광이나 사명이나 깨달음이 무언가를 어찌 알 수 있겠는가.

나 자신도 그때는 공백 상태라 아무것도 모르던 때였지 않은가. 교회조차 나가지 않고 냉담했을 때였다. 그러나 하나님을 멀리 떠나 있어도 하나님의 존재는 절대로 부인할 수 없었다.

나는 그때 환이의 대답 '목사님' 소리를 듣는 순간 마음속으로 '감사합니다'를 외쳤다. 어린 환이는 비록 아무것도 모르고 대답했을지 몰라도 그것은 그냥 철없는 아이의 꿈만은 아닐 것이다. 나는 그것을 믿는다. 환이의 입술을 열어주신 분이 하나님이시라는 것을 나는 확신한다. 티끌 하나인들 사람인 우리가 마음대로 할 수 있는 일인가. 아니다. 절대로 아니다.

나는 그때 환이의 입술에서 새어 나오는 그 한마디를 감사와 떨리는 마음으로, 두렵고 소중한 마음으로 깊이깊이 품어 안았다. 지극히 작고 보잘것없는 죄 많은 여인에

하늘, 별, 사슴 그리고 환이

게, 어미에게 사랑을 주시다니, 은혜를 깨닫게 하시다니. 나 하나만을 바라볼 때는 감히 어디인들 목동이 될 수 있겠는가.

그러나 아직 여리디여린 환이, 순진무구한 어린 영혼을 바라볼 때는 가능한 일이다.

"아버지, 저는 자신이 없어요. 제힘으로는 될 일이 아닙니다. 환이를 아버지가 길러 주세요. 아버지의 뜻에 따라 저 아이가 자랄 수 있도록 길러 주세요."

나는 그렇게밖에 기도할 수가 없었다.

그 대답 이후로 환이는 무럭무럭 자라서 이제는 세상을 바라보는 눈이 넓어졌고 그만큼 대상도 많아졌다. 그러나 지금도 그때처럼 환이의 꿈은 오직 한 가지다.

"환이는 커서 무엇이 되고 싶지?"

"목사님이요."

"이 세상에서 누가 제일 훌륭해 보이니?"

"목사님이요."

"왜 목사님이 훌륭하고, 그렇게 되고 싶으니?"

"하나님을 위해 일하니까요. 하나님의 말씀을 전하는 사람이니까요."

환이가 점점 자라는 동안 나는 강요하지 않았다. 앞으로도 강요하지 않을 것이다. 환이의 꿈은 어미에게, 사람에게 한 약속이 아니다. 어린 그대로인 채 오직 한 분이신 하나님, 아버지께 드린 말씀이기 때문이다.

우리둘이는

오직 하나님만 믿고 하나님을 향해 걸어가면 환이의 꿈을, 길을 열어주실 것이다. 아직은 어린아이지만, 차차 소년이 되고 청년이 되고 어른이 될 것이다. 꿈의 빛깔이 엷어질 수도 더욱 짙어질 수도 있을 것이다. 어려운 때도 있을 것이다. 좌절하고 싶어질 때도 있을 것이다. 그러나 비록 그러한 날이 온다 하더라도 아버지의 손길이 환이를 이끌어 주실 줄 믿는다.

어미인 나는 한 인간으로 볼 때나 신앙으로 볼 때나 허물이 많은 존재다. 참된 믿음이 없었으므로 흔들렸었고 휘청일 때도 많았다. 가슴에 금이 간 채로 영혼의 황무지를 느낀 때도 있었다. 이러한 '영혼의 앓이'를 겪고 난 후 뼈저리게 깨달은 것은 왜, 조금 더 일찍 주님의 사랑을 알지 못했을까… 두드려도, 두드려도 열리지 않는 문을 향해 주님은 문밖에서 얼마나 애타게 기다리고 서 계셨던가.

교만도 냉담도 주님 앞에서는 다 소용없는 일이다. 끝없는 회의, 고뇌, 그 굴절을 통해 바라볼 수 있게 된 빛, 영원한 빛.

환이는 이 어미 같은 믿음의 지각생이 되지 말고 순전하고 겸허하게 영원한 빛의 길을 걸어갈 수 있게 되기를 기도한다. 섭리대로, 신의 사랑 안에서.

귀한 날

　도서관에서 레오 버스카글리아의 《서로 사랑하며》를 읽고 있었다. 갑자기 등 뒤로부터 한 권의 책이 말없이 넘겨져 왔다. 내 앞에 놓인 한 권의 책! '피카소.'

　뒤를 돌아보니 환이가 미소를 짓고 서 있었다. 언젠가 환이와 함께 L.A. 카운티 박물관에 갔을 때 피카소의 그림이 생각났던 모양이다. 나도 미소를 띤 채 우리 둘은 아무 말이 필요 없었다.

　환이는 저만큼 걸어가 사다리로 올라갔나. 아마 자신이 보고 싶었던 책을 고르다가 그 주변에서 피카소의 화집이 눈에 띄어 그때 생각이 났고 갑자기 나에게 피카소의 그림들을 보여 주고 싶었던 모양이다.

읽던 책을 덮고 피카소의 그림들을 다시 눈여겨보니 박물관이나 그동안 내가 보아 왔던 화집에서도 전혀 볼 수 없었던 작품들이 눈에 띄었다. 어쩌면 이렇게 아름다운 색채를 썼을까? 피카소를 전혀 이해하지 못하는 사람들은 이상야릇하고 얼핏 보아 잘 모르겠다 싶은 작품만이 그의 것인 줄 착각하기 쉽지만 실제로 그런 선입견을 무너뜨릴 작품들도 많이 남겼다.

색채도 아주 다양했다. 〈피에로〉와 같은 작품들은 가만히 들여다볼수록 나 자신마저도 피카소에게 이런 면이 있었구나 싶을 정도로 많은 것을 느끼게 해주었다.

잠시 후 어깨너머로 또 한 권의 책이 다시 내 앞에 놓였다. 잘 익은 연시를 연상케 하는 주홍빛의 표지였다. 한 그루의 나무. 활짝 핀 잎새 사이로 새들이 날고 있었고 그 나무 아래 새들을 향해 손을 편 한 남자가 서 있는 그림과 함께 검은 글씨가 눈에 들어왔다.

'Song of ST. FRANCIS.'

아! 그때의 기쁨이라니. 내가 돌아보았을 때 환이는 말없이 서서 눈빛을 반짝이며 다시 미소했다. 그것은 우리 둘만이 아는 비밀의 미소였다.

나는 오래전부터 환이에게 '아시시의 성 프란치스코'에 관한 책을 한 권 사 주고 싶었다. 그의 이름 앞에는 '성자'의 칭호가 붙어 있으나 성자로서의 그의 거룩한 삶보

하늘, 별, 사슴 그리고 환이

다 더욱 내 마음을 사로잡은 것은 사람으로 태어나 처절하게 자신과 싸우면서, 죽어가면서까지 예수님의 발자취를 그대로 살다 간 사람이기 때문이다.

거룩한 척하기는 쉬워도 거룩하게 살기는 어렵다. 믿음이 있는 척하기는 쉬워도 흔들리지 않는 믿음을 지니고 살기는 어렵다. 남을 돕는다고 떠들기는 쉬워도 한 손이 하는 일 다른 손이 모르게 말없이 남을 돕고 살기는 어렵다.

물질의 허영에서 벗어나는 척하기는 쉬워도 자신이 가진 것 다 버리고 철저하게 가난한 자가 되기는 어렵다. 세상이 주는 온갖 허울 좋은 명예에서 떠나는 척하기는 쉬워도 미련 없이 떨쳐버리고 살기는 어렵다. 자유로운 척 살기는 쉬워도 모든 굴레에서 스스로 벗어나기는 어렵다. 순수한 척하기는 쉬워도 티 없는 어린아이처럼 살기는 어렵다. 자연을 아끼는 척하기는 쉬워도 풀 한 포기, 조그만 새 한 마리와 대화하며 노래를 들려주기는 어렵다. 예수님의 고통을 이해하는 척하기는 쉬워도 예수님이 지닌 고통을 그대로 짊어지고 살기는 어렵다. 사랑하는 척하기는 쉬워도 내 몸처럼 남을 사랑하기는 어렵다.

그런데 프란치스코는 어려운 가운데 그렇게 살기를 원했고, 그의 익지대로 실천하며 살다가 떠났다. 이 세상에 예수님 한 분 외에 어느 누가 프란치스코만큼 예수님의 삶을 그대로 살다 간 사람이 있을까. 그는 완전히 '빈 자'

였다. 누구나 생각만 가득할 뿐 이루지 못했던 생활을 프란치스코만은 해냈던 것이다.

나는 프란치스코의 이야기를 가끔 환이에게 들려주었다. 나의 이야기보다 환이가 그 책을 직접 읽고 스스로 느껴보는 것이 더욱 좋을 것 같아 몇 번이나 책을 사 주고 싶었다. 둘이서 함께 책방에 들러 몇 권이나 되는 프란치스코의 책을 펼쳐 보이기도 했으나 환이는 그때마다 머뭇거리곤 했었다.

"엄마, 돈 없잖아. 이다음에 한국에 가서 사지, 뭐."

"괜찮아. 다른 것 살 때는 아껴도 책 사는 것은 아까워하지 않아도 돼."

나도 깊이 생각해 보았다. 아홉 살이 채 못된 어린 나이에 어른의 영어 실력으로도 읽어내기 힘든 책을 읽게하는 것도 무리겠구나 싶었다. 조금 더 자란 다음에 환이가 직접 읽고 싶어질 때 고르게 하는 방법이 더 좋겠다고 생각했다.

만화처럼 이야기를 어린이들이 이해하기 쉽게 풀이해 놓은 책은 없을까, 아니면 내용을 쉽게 풀어서 아름다운 그림도 있고 동화처럼 엮어진 책은 없을까, 그냥 덜컥 사 버릴까. 이 궁리 저 궁리 하다가 아무리 좋은 내용도 무리해서 읽히면 오히려 짜증을 낼 수도 있을 것 같아서 환이의 의견대로 조금 더 자란 다음에 사 주기로 했다. 며칠 동안은 아쉬움이 컸다.

하늘, 별, 사슴 그리고 환이

그 후로도 서너 번은 책방에 들러 그 책들을 혼자 만져 보다가 돌아오곤 했다. 그리고 두어 달이 지난 것이다.

아! 그런데 오늘, 환이가 바로 그 프란치스코에 대한 책을 찾아들고 말없이 내게 건네준 것이 아닌가! 내용을 살펴보니 내가 바라던 대로 아주 읽기 쉽게 풀어 썼고 사이사이에 예쁜 그림까지 곁들여 있었다.

나는 확신한다. 어린 시절에 프란치스코를 아는 것은 다른 무엇과도 비교할 수 없는 소중한 일이라는 것을.

프란치스코를 아는 것은 세상을 어떻게 살아가야 하는가를 아는 길이다. 프란치스코를 아는 것은 사랑을 아는 길이다. 사랑을 안다는 것은 바로 예수님을 아는 일이다. 새들에게 노래를 들려준 프란치스코, 그리고 지저귀던 종달새조차 그 지저귐을 멈추고 예수님의 사랑을 들려주는 거짓 없는 프란치스코의 목소리에 귀를 기울이지 않았던가.

프란치스코는 위선에 찬 권위, 형식 그리고 오만한 지성을 비웃었다. 꾸밈없는 소박한 목소리로 프란치스코가 새들에게 들려준 그 노래와 사랑의 말씀을 나도 듣고 싶다.

프란치스코에 대한 책을 읽으며 환이가 꼭 한 번 읽기를 바랐던 이유도 바로 그의 소박함, 천진함 때문이었다.

"잘됐다. 오늘 이 책 빌려 가자."

기쁜 마음으로 내가 말했을 때 환이는 가까이 다가오며 귓가에 무어라고 속삭였다.

"엄마, 사실은 《모차르트》를 찾고 있는데, 아무리 찾아도 못 찾겠어."

환이의 손을 보니 여러 개의 번호가 적힌 종이들을 들고 있었다.

아, 그랬었구나. 나는 그제야 아까부터 사다리를 오르내리며 무언가를 열심히 찾고 있던 환이의 모습을 이해했다. 그런데 하필 문 닫을 시간이 다 되었으니 어쩌랴.

"할 수 없다. 오늘은 문 닫을 시간이 다 되었으니까 다음에 올 때 다시 《모차르트》를 찾기로 하자. 오늘은 《프란치스코》로 됐잖아? 섭섭하긴 하지만 모차르트는 집에 가서 이 책을 읽으며 음악으로 듣기로 하자."

환이는 머리를 끄덕였다. 집에 돌아와 책을 읽으며 모차르트의 피아노 협주곡 20번을 들었다. 피카소와 프란치스코 그리고 모차르트를 함께 느낄 수 있는 오늘은 아주 귀한 날이다.

하늘, 별, 사슴 그리고 환이

하나님

하나님께서는 우리를 사랑하십니다. 그런데 왜 어떤 사람들은 하나님을 안 믿을까요? 참 이상합니다. 하필이면 하나님을 믿지 않고 다른 것을 믿을까요?

어떤 사람은 하나님을 안 믿지만 저는 꼭 하나님을 믿습니다. 그 사람들은 하나님을 어떻게 생각할까요? 그리고 하나님께서는 그 사람들을 어떻게 생각하실까요?

저는 하나님을 잘 믿으려고 노력을 합니다. 하나님께서는 저를 언제나 사랑하시고 노와주십니다.

예전에는 하나님을 잘 믿고 하나님께 기도를 열심히 드렸습니다.

잠잘 때나, 밥을 먹을 때, 아플 때, 기도했는데 요즘에는 왠지 잘 안됩니다. 제가 피곤해서 못했을까요? 아니면 제가 게을러서 못했을까요? 가만히 생각을 해보면 하나님께 감사할 것이 많아요.

예를 들어 하나님께서 좋은 친구도 주시고 어려운 일이 있어도 도와주십니다.

엄마는 제가 기도를 하지 못할 때, 저에게

"아프고 피곤할수록 기도를 더 열심히 해라"

하고 말씀하십니다.

그때 제가 하지 않으려고 침대에 누웠는데 생각을 해보니까 기도를 해야겠다 하는 생각이 들어서 기도를 했습니다. 이제는 기도를 열심히 해야겠습니다.

이 글은 '하나님'이라는 제목으로 환이가 4학년 때 쓴 글이다. 주일학교에서 어머니 날에 각자 한 사람씩, 대상은 누구에게라도 좋으니 편지를 한 통씩 써 오라는 숙제를 내주었다고 한다.

"엄마, 누구에게 편지를 쓰면 좋을까요?"

"환이 마음대로 쓰고 싶은 사람에게 쓰렴."

"그래도 한 사람 누굴 정해 주세요."

"편지는 억지로 쓰면 더 안 써져. 그냥 슬며시 누구인가가 떠올라 자기도 모르게 그 사람에게 쓰고 싶을 때 그게 진짜 편지야."

하늘, 별, 사슴 그리고 환이

"글쎄, 누구에게 쓸까?"

"정 생각나지 않으면 아빠나 엄마에게 쓰렴. 네 마음속에 두고 평소에 하지 못한 얘기가 있으면 써 봐. 아빠나 엄마에게 부탁하고 싶은 것이 있다든가 무슨 바람 같은 것도 있을 수 있지 않아? 평소에 이런 점이 싫은데 좀 고쳐 주셨으면 좋겠다든가, 네 맘을 다 이해하지 못해 이럴 때는 참 섭섭했다든가… 있으면 써 봐. 다 고칠 테니까."

"에이, 맨날 보는데 뭘, 쑥스러워서."

한참을 이 궁리 저 궁리 하더니 돌아앉아서 무언가를 환이는 열심히 쓰고 있었다.

가정의 달 5월에, 교회에서 온 가족이 모여 합동으로 예배를 보게 되었다.

유아에서부터 할머니 할아버지에 이르기까지 대 예배를 보는데 사회를 보시던 주일학교 선생님께서 몇몇 아이들의 이름을 부르셨다. 누구누구… 그리고 환이의 이름을 부르셨다.

"이 세 어린이는 앞으로 나오세요. 이번에는 세 어린이가 나와서 가족에 대한 글짓기를 직접 낭독하겠습니다. 아이들 자신이 직접 쓴 편지입니다. 우리 부모님들께서는 잘 귀를 기울여 주십시오."

첫 번째 여자 어린이가 아버지에 대한 편지를 읽었다. 가난하고 많은 식구를 위해 몸이 불편하셔도 하루도 쉬지

우리둘이는   280

못하고 일터로 가시는 아빠에 대한 고마움을 표현한 편지였다. 표현도 정확했고 낭독도 또박또박 잘 해주었다. 어느 집 딸인지 아빠를 생각하는 마음이 기특했다.

두 번째 남자 어린이는 어머니에 대한 편지였다. 우리 엄마는 매일 공부해라, 아이들과 싸우지 말아라 야단을 치셔서 그럴 때는 그 잔소리가 매우 싫지만 그래도 지금 생각해 보니 그런 말씀을 해주시는 엄마가 참 좋고 고마웠다는 내용이었다.

모두 들으면서 빙그레 웃으면서도 찡한 편지였다.

끝으로 환이가 편지를 읽었다.

"제목, 하나님!"

순간 나는 가슴이 철렁 내려앉는 듯했다. 예상외의 제목 '하나님' 소리에 합동 예배라 시끌버끌했던 분위기가 잠시 숙연해졌다.

"하나님께서는 우리를 사랑하십니다… (중략) 이제는 기도를 열심히 해야겠습니다."

하나님에 대한 사랑으로 시작해서 자신의 부족함을 깨닫게 되는 환이의 편지를, 살아계신 하나님께서는 다 들으셨을 것이다.

환이의 하나님, 나의 하나님, 우리의 하나님이시기 때문이다.

편지의 낭독이 끝나자 합창하듯, 듣고 있던 모든 사람이 '아멘!'을 외쳤다. 사회를 보시던 선생님이 말씀하셨다.

하늘, 별, 사슴 그리고 환이

"우리 어린이들의 실력이 보통 이 정도입니다. 오늘 낭독한 어린이들의 편지는 단 한 글자도 선생님들이 고치거나 손대지 않았습니다. 아이들의 소박한 마음이 그대로 담겨 있고 하나님의 사랑을 느끼는 그 순수한 믿음의 자세는 오히려 우리 어른들이 배워야겠습니다."

다시, 모든 사람이 '아멘!'을 합창했다.

아름다운 5월에 가정의 화목을 심어 주시며 아버지, 어머니, 그리고 하나님을 향한 사랑을 일깨워 주신 분….

하나님, 그분은 완전한 기획을 하셨다.

환이에게

온 집안을 둘러보아도 이 엄마가 환이, 너에게 물려줄 것은 신통한 것이 없다. 엄마는 재산도, 명예도, 지혜도 없다. 만약, 조금쯤 그런 것을 지니고 있다 한들 그런 것이 다 무슨 소용 있는 일이겠니?

성경의 말씀처럼 그런 것은 티끌과 바람 같은 것이어서 있다가도 없고 결국은 다 사라져 버리는 것이다. 그러나 주님을 향한 사랑, 신앙만은 영원한 것이다. 이 세상에서뿐만 아니라 영원한 고향에 이르기까지 환이, 너에게 물려줄 것은 물질도 지식도 아니다. 오직 한 가지, 변치 않는 신앙을 남겨 줄 수 있다면 얼마나 좋을까.

하늘, 별, 사슴 그리고 환이

엄마로서의 사랑만이 아니라 영적인 사랑으로, 내 안의 육신인 정(情)을 죽이고 환이, 너를 영원히 살게 하고 싶다.

　내 욕심으로 가득 차 세상 것에 붙들려 너를 질식하게 하지 말아야지.

사랑받는
사람

성경에는 많은 사람의 이름이 실려 있지만 그 수많은 사람 중에 환이가 제일 좋아하는 사람이 있다. 다윗.

양을 치는 착한 목동이었던 다윗. 비파와 수금으로 노래하며 하나님을 찬양하던 다윗. 나라가 어려움을 겪고 있을 때 자기보다 몇 배나 더 힘센 거인인 골리앗을 돌팔매 하나로, 새를 잡듯 때려눕힌 영리한 다윗. 많은 사람의 칭송을 받으며 한 나라의 왕이 된 다윗. 하나님을 제일 소중히 알고 섬기던 다윗. 성경 안에 있는 수많은 시편을 썼던 다윗. 그중에서 환이가 무엇보다 제일 좋아하고 욀 수

하늘, 별, 사슴 그리고 환이

있는 시편 23편을 쓴 다윗….

환이가 알고 있는 다윗은 대충 그 정도이다. 아직 환이
는 너무 어려 대서사시인 시편의 전체를 다 읽지는 못했
다. 그토록 하나님을 소망으로 알고 살아가던 다윗이 어
떻게 죄를 지었고, 죄를 깨달은 후 얼마나 처절한 고뇌를
뚫고 구원에 이르렀는가를 알지 못했다.

다윗이라는 이름을 에워싼 여러 갈래의 행로 중에 다
른 것은 다 모른다 해도, 한 가지 분명한 것은, 다윗은 하
나님을 참으로 사랑한 사람이었다는 것…. 그것만은 환이
가 가슴 깊이 지니고 살아가고 있다는 사실이다.

"엄마, 다윗이 얼마나 하나님을 사랑했으면 그렇게 아
름다운 시와 노래를 불렀을까요? 그 생각을 하면 너무너
무 눈물이 나와요."

아름다운 노래를 들을 때, 환이는 눈시울 접으며 생각
에 잠긴다.

"아! 다윗처럼… 아름다워요…."

피아노를 치다가, 바이올린을 켜다가, 리코더를 불다
가… 가끔씩 그렇게 손길을 멈춘 채 먼 하늘을 우러르던
환이. 환이의 낙서나 그림 속에는 '다윗'이라는 사인이 적
혀 있을 때가 많다.

"엄마, 난 다윗이 참 좋아요."

"환이 너도 열심히 하나님께 기도하고 살아가면 네 마
음을 알고 계시는 하나님이 축복해 주실 거야."

"다윗처럼?"

"그럼. 다윗처럼…."

그러다가 나는 곧잘 환이에게 역습을 당한다.

"아, 잘됐네. 피아노 레슨 받으러 가지 말아야지."

"그건 또 왜? 왜 레슨을 안 받으러 가니?"

"다윗이 뭐, 언제 피아노니 뭐 그런 것 레슨 받은 적이 있었나요? 레슨 같은 것 안 받아도 하나님이 다 마음속으로 가르쳐 주셨지요. 야, 신난다! 나도 오늘은 레슨 안 받으러 가도 되니까…."

꽁무니를 빼며 깔깔대는 환이의 웃음소리가 티 없이 맑다.

"환이야, 엄마는 네가 훌륭한 음악가가 되기를 바라는 것이 아니야. 음악가의 길이 얼마나 어려운 줄 아니? 음악가는 뛰어난 소질이 있어야 하구, 또 소질 못지않게 끊임없이 연습하면서 자신과 싸워 이겨야 해. 네가 특별히 음악가가 되길 원한다면 모르지만 너처럼 그냥 음악이 좋아서 하는 거라면 음악이 너의 친구처럼 여겨졌으면 해."

"엄마, 나두 그렇게 생각해요. 음악가는 너무 힘들고, 나는 지금처럼 그냥 음악이 좋아서 하니까 그렇게 하구 싶어요."

"그러나 그냥 좋아서 하는 음악이라도 일단 시작했으면 레슨은 받으러 가야지. 선생님과의 약속인데 네가 안 가면 선생님이 얼마나 기다리시겠니? 가기 싫다고 빠지기 시작하면 조금만 마음이 느슨해져도 잔꾀가 생겨서 자꾸 가기 싫어진다구. 싫다구 자꾸 빠져서 버릇 들면 자기 자신에게 지는 거야."

"엄마, 난 다윗처럼 음악가가 되고 싶은 게 아니라, 하나님께 찬양하구 싶어요. 내가 좋아하는 피아노나 바이올린을 켜면서 찬송가를 하나님께 들려 드릴 수 있다면, 그걸루 충분해요."

"그것두 좋은 생각이야. 때로는 거창한 설교보다, 한 곡의 찬송가가 얼마나 은혜롭고 좋은지 너두 알지?"

"내가 이담에 커서 만약에 목사가 된다면 설교를 잘하는 목사보다, 간절히 하나님께 찬송가로 영광을 드릴 수 있는 사람이 되고 싶어요."

"그래. 그러면 하나님이 기뻐하실 거야. 정성을 다해 찬송가로 하나님께 영광을 드리려면 대강해서 되는 일이 아니야. 환이가 이미 그런 생각을 하고 있다면 더욱 열심히 노력해야지."

"근데, 레슨 받으러 가는 것은 정말 싫어요. 이건 꾀를 부리는 게 아니구요. 왜, 레슨 선생님은 맨날 똑같은 곡을 스무 번 쳐와라, 서른 번 쳐와라… 그렇게만 하실까요. 그렇게 기계처럼 반복만 하면 무슨 소용이 있어요. 싫증만 나지. 음 하나하나를 눌러도 마음으로 느끼고 누르는 것이 중요하지, 뭐 그렇게 기계처럼 스무 번, 서른 번 친다고 뭐가 되나요?"

"기초를 잘 다듬는 훈련을 하기 위해선 반복도 필요해."

나의 어린 시절을 되돌아보아도 역시 마찬가지다. 환이의 생각과 똑같이, 되풀이되는 기계 같은 연습과 숙제에 지쳐 그토록 좋아하던 피아노 앞에서 얼마나 달아나고 싶었던가.

환이의 항변은 나로서도 충분히 납득할 수 있는, 이유 있는, 개선돼야 하는 항변이었다.

나의 체험으로 음악은 때로는 친구처럼, 형제처럼, 연인처럼… 쓸쓸할 때 나를 감싸주었다. 가장 가깝게 느끼고 기대고 싶었던 사람에게조차도 때때로 쓸쓸함을 느끼지만 그 쓰디씀을 말없이 품는 넓은 가슴이 바로 음악이다.

음악, 그 위로의 손길이 있기에 실의의 순간에도 주저앉기보다 다시 일어설 수 있지 않았는가. 아름다움을 들을 수 있는 귀, 공감할 수 있는 가슴을 주신 하나님께 감사할 일이다. 어린 환이에게 음악의 가지가, 그렇게 접목되기를 바랐다. 기술로 훈련된 전문가이기보다 사랑으로, 마음을 열고 살아가는 사람이기를 바랐다.

"다윗은 참 좋았을 거야. 레슨 받는 일 때문에 신경쓸 일이 없었으니까."

환이는 혼잣말처럼 뇌며 나를 바라보았다.

"환아, 그럼 이렇게 하자. 일단은 네가 좋아서 시작한 거니까 이번 달까지만 계속 레슨을 받고 당분간은 푹 쉬어라. 쉬면서 더 좀 생각해봐. 이대로 완전히 그만두는 게 좋은지, 조금 쉬었다가 다시 또 시작하는 게 좋은지…"

싫다는 것을 너무 억지로 시키는 것은 무리다. 끈기를 기르는 일도 중요하지만 레슨은 잠시 보류다.

"엄마두 어릴 때 그런 적이 있었어요?"

"초등학교 때는 지나친 연습에 싫증을 냈었어. 나도 너처럼 쉬다가 몇 년 후 중학생이 되니까 내 스스로 다시 시작하고 싶어졌어."

환이의 입이 슬금슬금 벌어졌다.

"좋으니까 저 입 벌어지는 것 좀 봐. 환아, 그 대신 다시 시작하고 싶으면 언제든지 엄마한테 네가 먼저 말해."

"네. 엄마, 미안해요."

"엄마한테 미안할 것 없어. 그건 중요한 결정이니까, 네 스스로 결정할 일이니까."

여호와는 나의 목자시니 내가 부족함이 없으리로다. 그가 나를 푸른 초장에 누이시며 쉴 만한 물가로 인도하시는도다. 내 영혼을 소생시키며 자기 이름을 위하여 의의 길로 인도하시는도다.

내가 사망의 음침한 골짜기로 다닐지라도 해를 두려워하지 않을 것은 주께서 나와 함께 하심이라. 주의 지팡이와 막대기가 나를 안위하시나이다.

주께서 내 원수의 목전에서 내게 상을 베푸시고 기름으로 내 머리에 바르셨으니 내 잔이 넘치나이다.

우리둘이는

나의 평생에 선하심과 인자하심이 정년 자를 따르리니
내가 여호와의 집에 영원히 거하리로다.

환이가 좋아하는 시편 23편의 시이다. 목동, 다윗의 순박한 마음이 잘 그려져 있다. 이 시를 가만가만 뇌어보면 나도 다윗의 마음이 되어, 아무 부족함이 없다. 푸른 풀밭에 누워 흰 구름을 바라볼 때처럼 마음이 평화롭다.

사람은 외모를 보지만, 중심을 보시는 하나님. 하나님께서 마음에 꼭 들어 하셨던 다윗. '다윗'의 이름은 '사랑받는 자'라는 뜻이다.

다윗을 누구보다 제일 좋아하는 환이도 하나님께 사랑받는 사람으로 자랄 수 있기를 간절히 기도한다.

은밀한
생각 중에

숙제를 하다가 환이는 눈을 감고 생각에 잠길 때가 있다. 연필을 꼭 쥔 채… 숙제가 어려워 혼자서 잘 모를 때가 있어서 저러나보다고 나는 생각했다. 옆에서 금방 어려운 점을 도와주기보다는 우선은 혼자 어렵더라도 환이의 힘으로 생각하고 풀어 보려는 노력도 필요한 것이기 때문에 그럴 때 나는 되도록 가만히 그 상태로 놓아둔다.

그런데 환이는 그게 아니었다. 숙제가 어려워 그렇게 골똘해 있는 것이 아니었다.

"엄마, 예수님이 불쌍해요. 우리 예수님 혼자 머리에 가시관을 쓰시고…"

환이의, 그 어린 눈에 맺히던 눈물. 크레용으로 그림을 그리다가도 문득 그렇게 눈을 감고 혼자 생각에 잠길 때가 종종 있다. 벽에 낙서하다가도, 책을 읽다가도, 하늘을 보다가도, 구름을, 노을을, 별을, 달을 바라보다가도, 십자가를 그리다가도….

예수님은 기도할 때 네 은밀한 방에 들어가 참되게 기도하라고 말씀하셨는데 환이는 숙제를 하다가도, 그림을 그리다가도, 무엇을 바라보다가도, 그렇게 은밀한 생각 중에 예수님을 안타까이 바라보고, 예수님 또한 어린 환이 곁에서 지켜 주시나 보다.

"가엾은 예수님. 저는 몸이 조금만 아파도 힘이 들 때가 많은데 우리 예수님은 손과 발에 못까지 박히시고 불쌍한 예수님, 혼자서 얼마나 아프셨을까."

그 순간 예수님은 두 팔로 환이를 안아 주실 것이다. 틀림없이. 그리고 뽀뽀해 주실 것이다. 눈물 젖은 얼굴에, 가슴에, 어린 영혼에.

하늘, 별, 사슴 그리고 환이

유리창의
글씨

아침에 일어나 커튼을 젖히다가, 유리창을 바라보고 나는 깜짝 놀라고 말았다. 희뿌여니 그림인 듯 글씨인 듯 무엇인가로 유리창이 얼룩져 있었기 때문이다. 유리창 가까이 다가서서 그 얼룩을 닦아내려던 나의 눈에 선명한 글씨가 들어왔다.

우리를 사랑해 주시는 예수님
우리의 하루하루는 예수님과 함께 살아가네

유리창의 저 글씨.

우리둘이는

환이 말고 또 누가 저 글씨를 쓰랴. 아, 이 미련한 나는 환이의 그 마음도 모르고 어젯밤 얼마나 부끄러운 모습을 보였나. 주님, 용서해 주세요. 제가 또 잘못했습니다.

어젯밤 환이는 목욕을 하며 마음의 기쁨이 치솟았던지 큰 소리로 노래를 부르기 시작했다. 목욕탕에서 쿵쾅쿵쾅 발을 구르며 박자를 맞추는지 손뼉을 치며 부르는 환이의 노랫소리는 방에서도 들릴 정도였다.

환이가 몸도 마음도 깨끗하게 씻으니 저렇게 기쁜가 보구나 생각을 하며 내 마음도 덩달아 기뻤다.

예수님, 예수님

아침에도 예수님

저녁에도 예수님

예수님, 예수님

해가 뜨고 질 때까지 예수님

며칠 동안 여름 성경학교를 다니더니 그곳에서 배웠는지 집에 돌아올 때는 현관에 들어서면서부터 춤추며 노래를 즐겁게 부르곤 했다. 환하게 빛나는 얼굴로 노래하며 춤추는 모습을 보면 나까지 덩실덩실 춤추고 싶어진다. 그래서, 다윗도 시편 150편 속에 이렇게 노래했지 않은가.

나팔소리로 찬양하며 비파와 수금으로 찬양할지어다
소고치며 춤추어 찬양하며 현악과 통소로 찬양할지어다
큰 소리나는 제금으로 찬양하며 높은 소리 나는 제금으로
찬양할지어다
호흡이 있는 자마다 여호와를 찬양할지어다
할렐루야

어젯밤에도 집에 돌아와 신을 벗으면서도, 옷을 갈아입으면서도, 목욕하면서도, 온몸으로 온 마음으로 춤추며 노래하던 환이! 목욕탕에서 손뼉을 치며 발을 구르며 리듬에 맞춰 주님을 찬양하던 환이! 목욕을 마치고도 물이 뚝뚝 떨어지는 젖은 몸으로 목욕탕을 나와 물기를 닦을 생각도 하지 않고 발가벗은 채 얼마나 기쁘게, 넘치게 노래하며 춤추며 주님을 찬양했던가.

이 바보 엄마는 한치밖에 볼 줄 몰라, 수건을 젖은 몸에 덮어 주며 이렇게 못난 소리나 했지 않은가?

"찬양도 좋지만 감기들겠다. 물이나 좀 닦고 해라."

그러나 환이는 내 말엔 아랑곳하지 않고 계속해서 더욱 신나게 춤을 추고 노래했다. 그 모습을 바라보다가 나도 웃음이 터지고 말았다. 그러면서도 선풍기까지 틀어놓은 채 젖은 몸으로 춤을 추는 모습이 걱정되어 환이의 기쁨에 제동을 걸지 않았는가.

"물기나 좀 닦고 하라니까. 너 그러다 정말 감기나 들

면 어쩔려구 그래?"

그러나 기쁨이 충만했던지, 환이는 여전히 노래하며, 열어 놓은 유리 창문 곁으로 가까이 다가가고 있지 않은가. 열린 문으로 불어오는 밤바람이야 오죽 시원했을까마는 그 순간에 나는 감기 걱정밖에 할 줄 몰랐다. 벗은 몸인 채 젖은 머리카락에서는 물방울이 뚝뚝 떨어지고 있었다.

환이는 잠시 춤도 노래도 멈추더니 말없이 서서 유리 창에 손가락으로 무언가를 그리고 있었다. 그때 내가 소리를 질렀다.

"환아! 제발 옷이나 좀 입고해라."

갑작스런 내 목소리가 너무나 컸던지 유리창에 무언가를 그리던 환이는 깜짝 놀라 후다닥 도망을 쳤다. 그러나 잠시 후 살금살금 다시 유리창 가까이 다가선 환이는 수증기로 가득 서린 환이는 수증기로 가득 서린 유리창에 무언가를 쓰며 오래도록 서 있었다.

"고집쟁이, 환이."

등 뒤에서 내가 중얼거렸다.

그러나, 오늘 아침 햇살 속에 그 모습을 드러낸 고집쟁이 환이의 글씨는 정말 나를 부끄럽게 했다.

우리를 사랑해 주시는 예수님
우리의 하루하루는 예수님과 함께 살아가네

하늘, 별, 사슴 그리고 환이

그 글씨를 바라보며 마음속으로 나는 진심 어린 용서를 빌었다.

"환이야, 어젯밤엔 엄마가 정말 잘못했어. 자주자주 고집을 부리렴."

연줄 하나도
내 뜻대로는 못해요

　바닷가 모랫벌에서 환이는 연을 띄우고 있었다. 나는 다리 위에서 그 모습을 지켜보고 있었다. 바람이 제법 알맞게 불고 있는데도 환이의 연은 하늘로 치솟지 못하고 조금 떠오르는가 하면 떨어지고, 또 조금 올라가는가 하면 기운 없이 풀썩 주저앉아 버리고 말았다. 혼자서 아무리 이리저리 띄워 보며 애를 써 보아도 연은 기우뚱대며 제멋대로이다. 환이는 연을 띄우다가 떨어지는 연과 함께 모랫벌에 풀썩 따라 주저앉기도 하고, 다시 또 용기 내 날려 보다가 떨어지는 연을 주워 한 방 알밤을 때렸다. 다리 위에서 그 모습을 바라보던 내 마음도 안타까웠다. 저러다가 혼자 약올라

　　　　　　　　하늘, 별, 사슴 그리고 환이

울음이 터지겠구나 싶어 나도 모랫벌로 내려갔다.

"저 혼자선 암만 애를 써도 연이 올라가질 않아요. 엄마가 좀 연줄을 잡아 주세요."

실을 감았다가 풀었다가 아무리 둘이 궁리를 해보아도 야속한 연은 핑그르르 떨어질 뿐이었다.

시간이 얼마나 지났을까… 땀과 빨갛게 달아오른 얼굴로 실망에 가득 찬 환이의 눈망울은 건드리기만 하면 금방 울음으로 터져버릴 기세였다.

"엄마, 팔이 아파 더 못하겠어요. 연이 내 마음을 너무나 몰라주나 봐요."

모랫벌에 주저앉은 채 환이의 섭섭함은 풀리지 않았다.

"한 번 기운을 내 다시 해보자."

"다 소용없어요. 암만해도 힘만 들지."

"힘이 드니까 또 해봐야지. 단숨에 모든 것이 이루어지면 무슨 재미니?"

"그래도 전 못하겠어요. 엄마 혼자 하세요."

가까스로 환이를 달래어 환이와 나는 저만큼 떨어져 반대 방향에서 연을 잡았다. 몇 번 시도를 해 띄워 보았으나 역시 헛수고, 헛수고였다.

"그것 보세요. 암만해도 연이 우리 마음을 몰라준다고 그랬잖아요. 오늘은 힘만 드는 날인가 봐요."

실망에 가득 찬 환이는 풀이 하나도 없이 고개를 푹 숙인 채 모랫벌만 바라보고 있었다.

우리둘이는 300

"환아, 우리 이번에 꼭 한 번만 더 해보자아. 이번에 해보구 안 되면 정말 그만하기로 해."

환이는 연의 꼬리를 잡고 나는 감겨 있는 실꾸러미를 풀었다 감았다 되풀이하며 마음속으로 기도를 했다.

"주님, 저희들의 힘으로는 연줄 하나도 마음대로 못해요. 제 뜻대로 못해요. 제발 환이가 실망하지 않도록 주님께서 이 연을 좀 띄워 주세요."

몇 번이고 풀썩, 처량하게 떨어지던 연 꼬리가 하늘로 기어오르기 시작했다.

"아이구! 주님 감사합니다. 정말 감사합니다."

어린아이처럼 너무나 감사해 중얼거리는 나를 향해 저쪽 끝에서 환이가 소리쳤다.

"엄마! 역시, 우리 주님은 내 편이야!

저 혼자선 못해요. 예수님, 이 연이 하늘로 훨훨 날아가는 모습을 보고 싶은데 저 혼자선 못해요. 도와주세요. 지금 막 그렇게 기도했는데 제 기도를 들어주셨나 봐요."

모랫벌의 환이는 갈매기처럼 두 팔로 날개를 저으며 이리저리 뛰어다녔다.

"좋으신 하나님이지, 엄마아."

파도에 묻혀 환이의 웃음소리는 싱그러웠다. 환이와 나는 소리 내어 웃으며 목이 아프도록 하늘을 우러렀다.

연은 꼬리를 바람에 나부낀 채 높이, 그리고 더 멀리, 오래오래 춤을 추고 있었다.

하늘, 별, 사슴 그리고 환이

불가사리

바닷가에서 사람들이 낚시를 하고 있었다. 게를 잡는 사람들을 유심히 살펴보니 그물 속에서 불가사리 한 마리를 떼어내어 버리고 있었다. 아무렇게나 바닥에 누워 있는 불가사리. 세상에 태어나 이렇게 커다란 불가사리는 처음 보았다.

버려진 불가사리를 주워들고 집에 돌아와 세숫대야에 담아보니 그 커다란 대야가 좁아서 불가사리의 다섯 귀퉁이가 활짝 펴지질 않고 구부러져 버렸다. 불볕 속을 걸어오는 동안 흐물흐물 축 늘어진 모습이 애처로웠다. 빳빳하던 모습이, 안간힘을 다하다 견디지 못해 마지막 몸부림도 잊은 듯, 건드려 보아도 무감각 상태였다.

"이 불가사리 도루 물속에 갖다 넣어주자."

그냥 보기가 딱하셨던지 어머니는 그 불가사리를 대야에 담은 채로 바닷가로 떠나셨다. 이상하리만큼, 서운함보다 마음이 후련했다. 내가 갖지 못해 아깝다기보다 오히려 놓아주는 편이 더 잘 됐다 싶은 이상한 후련함이 마음에 가득 찼다.

"엄마, 불가사리 어디 갔어?"

환이가 달려와 물었다.

"집에 갔어. 엄마, 아빠한테."

"캄캄한데 불가사리, 무서워 어떻게 가지?"

"괜찮아. 하나님이 다 지켜주실 거야."

"야! 노을 봐라."

환이가 소리 지르는 곳을 향해 창가로 달려가 보니, 정말 창밖엔 다른 때보다 몇 배나 커 보이는 노을이 바다속에 잠기고 있었다.

"커다란 불가사리 탓일 거야. 불가사리가 너무 크더니 노을도 이렇게 오늘따라 커 보이는 거겠지?"

환이는 노을에 취해 오랫동안 말없이 창밖을 바라보았다. 나는 어린 환이의 손목을 꼬옥 잡으며 말했다.

"불가사리가 보고 싶으면 바다엘 가자. 바닷가엘 가면 언제나 볼 수 있으니까, 바위에도 많이 붙어 있지? 제일 큰 불가사리를 만나거든 환이야, 너두 손 흔들어 주어라."

"그 불가사리 지금쯤은 엄마, 아빠 잘 만났을까? 집에
잘 갔을까?"

"그럼. 잘 가고말고."

"노을아! 너두 잘 가, 엄마 아빠한테…"

창밖에, 바다로 잠기는 노을을 바라보며 환이가 손 흔
들어 주었다

사랑의 별

서랍을 정리하다가 묵은 수첩을 무심히 넘기다 보니 이런 글이 적혀 있다.

환이가
엄마 생일날
엄마에게 그려준 '별'

바다에 파도는 일고
비는 내리고
'빅서'로 달리는 차 안에서

엄마 손을 잡고

환이가 썼습니다

수첩 한 귀퉁이엔 별 두 개가 그려져 있다. 삐뚤삐뚤 그려진 두 개의 별, 환이의 그림이다. 그러나 이 작은 별 두 개는 내 가슴에 소중히 떠 있다. 다섯 살의 환이가 엄마의 생일을 잊지 않고 마음을 다해 그려준 선물이기 때문이다.

비가 내리던 그해, 나의 생일날, 우리는 캘리포니아의 바닷가 빅서로 떠났다.

바닷가를 사랑하는 나를 위한 오빠의 배려였다. 퍼붓는 빗속에 하늘과 바다는 회색으로 잠겨 있었다.

벼랑에 피어 있던 이름 모를 들꽃들.

살아서 길길이 뛰던 파도.

빗속에 선명하게 드러난 연둣빛 풀.

노란 유채화.

바위의 주름살.

바다의 상흔.

비 내리는 바다, 그 모습에 취해 내 가슴에도 비가 내렸다. 차는 달리고 뒷좌석에 앉아 불빛도 없이 나는 글을 쓰고 있었다. 그때 말없이 옆에 앉아 있던 환이가 볼펜을

쥐고 있던 내 손을 잡으며 수첩 한 귀퉁이에 두 개의 작은 별을 그렸다.

흔들리는 차 안에서 어둠 속에 떠오른 별. 그 순간, 환이의 가슴에, 나의 가슴에 떠오른 사랑의 별이다.

환이의 친구,
프란치스코

"참 행복해요."

성 프란치스코에 대한 책을 다 읽은 후 환이가 말했다.

"행복해? 왜?"

"프란치스코의 얘기가 남을 죽이고 하는 그런 저질이 아니라서요. 물론 어릴 때는 프란치스코가 모르고 장난하다가 심하게 남을 다치게 하고 그랬는지는 모르지만 그건 너무 어렸으니까 모르고 그런 것 아녜요? 크면서, 하나님의 사랑을 느끼면서, 배우면서, 그 사랑과 느낌을 자기만이 아닌 다른 사람들한테 베풀 수 있었지요.

하나님을 어떻게 그렇게 사랑했으면 예수님이 당하신

고통을 자기도 그렇게 똑같이 느껴보고 싶다고 생각했었을까요. 그래서 자기도 기도한 대로 예수님의 고통을 자연스럽게 다 겪으면서 세상을 떠날 수 있었는지……."

환이는 눈물을 흘리며 나에게 설명해 주었다.

"그러니까 제가 이렇게 감동해서 울지요."

"……."

"저도 프란치스코처럼 하나님을 잘 섬기고 싶어요."

내가 그 책을 처음 읽었을 때 느꼈던 감동 그 이상으로 환이의 느낌을 들었다.

"새들에게 프란치스코가 얘기를 하고, 노래를 들려주고… 아주 감격했어요."

프란치스코에 대한 책을 읽으며, 정말 환이가 꼭 한 번 읽어 보았으면 하고 내가 간절히 원했던 대목이 바로 그곳이었는데 환이와 나와는 완전한 전류가 흐른 셈이다.

"어느 날 숲속에서 새들이 노래하고 있을 때, 하나님의 말씀을 전하려고 프란치스코가 새들에게 말했지요.

'얘들아, 이젠 내 차례다. 나도 좀 얘기하게 해주렴. 지금까지 너희들의 얘기를 잘 들었으니 이젠 너희들도 나의 얘기를 잘 들어라.'

그러니까 새들이 소리를 멈추고 프란치스코의 손과 어깨 위에 날아와 앉아 프란치스코의 얘기를 모두 잘 들었지요."

사람들에게뿐만 아니라 새들에게, 나무에게, 이름 없

하늘, 별, 사슴 그리고 환이

는 들꽃들에게, 맹수에게, 그리고 이 세상 모두에게 하나님의 말씀을 들려준 프란치스코. 흙도, 바람도, 공기도…… 죽음조차도 프란치스코에겐 다정한 친구였다.

하나님이 지으신 자연의 모든 것을 사랑했고 자연은 그의 친구였으며 스스럼없이 그는 자연과 더불어 살았다. 나무와 꽃, 새들에게 노래를 들려주는 프란치스코의 모습은 환이의 작은 가슴에, 영혼에 깊이 새겨져 있다. 환이는 길을 걸어가다가 비둘기를 보거나 바닷가에서 물새들을 볼 때, 이름 모를 산새들을 볼 때면 기쁨으로 소리쳤다.

"엄마! 프란치스코의 친구들 좀 보세요. 애네들한테 프란치스코가 노래를 들려주었지요? 애네들은 다정하게 귀기울여 듣고… 참 착해. 애네들은."

어느 날 L.A.의 박물관에서, 중세기의 수도자가 바위 틈에서 기도하다가 잠이 든 사이, 성령의 도우심으로 천사로부터 노래의 은사를 받는 장면의 그림을 환이와 함께 본 일이 있었다. 그 전시실에 가득 찬 다른 그림들을 열심히 보느라고 나는 미처 그 그림을 몰랐었다.

환이가 저만치서 무엇엔가 취한 듯 말없이 오래도록 서 있는 모습을 보고 내가 환이 곁으로 다가갔을 때, 환이는 내 손을 잡으며 속삭였다.

"엄마! 프란치스코!"

우체국에 갔을 때였다. 편지를 부치고 나오는 동안 밖

에서 기다리고 있던 환이는 유리 진열장 속을 유심히 바라보고 있었다.

환이의 눈길이 머무는 곳엔 한 수도복을 입은 남자가 숲속에 맨발로서 있었다. 어깨에 앉은 종달새의 평화로운 모습. 환이는 종달새처럼 평화롭게, 작은 기념 우표 속을 바라보고 있었다.

"프란치스코는 행복한 사람이지요. 종달새조차 자기의 마음을 알고 있으니까요."

오며 가며, 유리 진열장 속의 기념 우표는 환이의 친구가 되어 버렸다. 종달새도, 나무도, 프란치스코까지도.

환이의 노트 속엔 까만 크레용으로 큼직하게 또박또박 글씨가 쓰여 있다.

프란치스코는 아시시에서 살고 있었다.

프란치스코는 기사가 되고 싶었다.

프란치스코는 예수님을 사랑했다.

그래서 예수님의 고통을 알고 싶었다.

하나님께 나도 예수님과 똑같은 고통을 달라고 빌었다.

옆구리에서 피가 쏟아졌다.

아… 이런 고통이 있을까?

환이의 친구, 나의 친구, 프란치스코. 가난, 평화, 사랑을 살다 간 친구. 그 친구의 얘기가 생각난다.

"사랑한다는 것은 자기 자신을 사랑하는 사람 속에 잃어버리고 만다는 것이지요."

"우리 몸 안에서 영원히 죽지 않는 부분을 뭐라고 부르지요?"

"영혼이라고 하지요."

우리둘이는

환이의
편지

엄마.

성경 낭송하신 것 참 좋아요. 하나님께서 기뻐하실 거예요. 요새는 저의 믿음이 약합니다.

엄마 일이 잘되기를 바라며 이 편지를 씁니다. 엄마의 마음을 제가 다 알아요. 그러니까 하실 것 다 하세요. 아무 걱정 하시지 말고 먼저 할 것은 먼저 하시고 나중에 할 것은 나중에 하세요!

그리고 엄마, 약한 자가 되지 마세요. 왜냐하면 주님이 계시니까요!

세월이 흐르듯 마음도 달라집니다. 하지만 하나님의

하늘, 별, 사슴 그리고 환이

사랑은 안 그래요. 하나님께서는 매일 저희들을 변함없이
사랑하세요.

1986년 2월 11일

환이 드림

빨리
찌르란 말이야

환이가 제일 무서워하고 싫어하는 것이 있다. 병원에
가는 것과 주사 맞는 일이다. 아무리 열에 들떠 헛소리를
해도 병원에 가자고 할까 봐, "괜찮아요, 조금 아파요" 한
다. '조금 아파요'의 '조금'은 환이가 몹시 아플 때이다.

심한 감기로 편도선이 몹시 부었을 때였다. 환이의 목
구멍을 유심히 들여다보시던 의사 선생님은 놀란 표정을
지으셨다. 환이는 완전히 겁을 집어먹은 표정이었다.

"주사 맞아야 해요?"

떨리는 목소리로 물었다. 피할 수 없는 일이라 의사 선
생님은 맞아야 한다고 하셨다. 환이는 이번엔 내 얼굴을

하늘, 별, 사슴 그리고 환이

쳐다보았다. 나도 어쩔 도리가 없었다. 벌게진 얼굴로 서 있던 환이는

"엄마도 어릴 때 주사 맞아 봤어요?"

"그럼, 많이 맞아 보았어."

"응, 싫어했지만 꼭 맞아야 할 땐 맞았어."

애처로운 얼굴로 나를 바라보던 환이는 아무 말이 없다. 이미 떼를 써봤자 소용없음을 알았는지 한참 후 간호사 누나에게 소리쳤다.

"알았어요, 알았으니까 누나! 그냥 찌르지 말고 내가 찔러요 할 때 찔러야 돼요, 알았지, 누나."

간호사 누나는 주사약을 넣으며 고개를 끄덕였다. 잠시 멍하니 서 있던 환이는 결심한 듯 바지를 와락 내렸다. 두 눈을 꽉 감더니 으스러져라 나를 부둥켜 안았다. 그리고 소리쳤다.

"누나아, 지금 찔러. 지금. 빨리 찌르란 말이야. 지금 빨리."

변화

초등학생이 된 후의 변화다.

길을 걸어가다가 갑자기 환이가 걸음을 멈추거나 위치를 바꿔 찻길 쪽으로 걸을 때가 종종 있다. 다른 때는 둘이 걸어갈 때 내가 찻길 쪽으로 걷고 환이가 안쪽으로 걷는다.

갑자기 방향을 바꿀 때 나는 처음에 왜 그러는지 무척 의아했다. 조금 걸어가다가 앞을 바라보면 우리의 앞쪽에서 건장한 남자가 걸어오고 있다. 특히 그 남자의 인상이 험악해 보이고 옷차림이 유난스럽거나 할 때이다.

"어흠, 어흠."

환이는 일부러 그 앞이나 옆을 지날 때 헛기침을 한다.

하늘, 별, 사슴 그리고 환이

어떤 때는 일부러 나에게 큰 소리로 얘기를 걸어오기도 한다.

아! 자기가 이래 봬도 남자라고, 여자인 엄마를 보호해 주는구나. 우습기도 하고 대견하기도 하고… 걸어가면서 나는 한참 웃고 만다. 환이는 내 가까이 더 바싹 붙어 내 손을 꼭 잡거나 내 팔짱을 끼기도 한다. 그때 환이의 옆얼굴은 환해 보인다.

"엄마아. 아무 걱정하지 마, 내가 있잖아."

제 조그만 가슴을 탁탁 두들긴다. 그럴 때의 환이는 내 아들이라기보다 연인이다. 별안간 실제의 키보다 더 커 보인다.

반대로 잘 잡고 가던 손을 자기가 먼저 슬그머니 놓거 나 팔짱을 스르르 풀 때가 있다. 애가 또 왜 이러나? 앞을 보면 제 또래의 여자아이가 홀로, 또는 둘이서, 여럿이서 걸어올 때이다. 어쩌나 보려고 내가 환이의 손을 다시 잡 으면 환이는 내가 무안하지 않게 조금 걷다가 스르르 다 시 푼다. 그러나 절대로 그 여자애들을 쳐다보고 걷지 않 는다. 어깨를 쫙 펴고, 늠름히… 날씬하고 예쁘게 생긴 여 자애일 때일수록 더….

그럴 때는 대견하기보다 조금 서운하다.

아, 그렇지. 너는 지금 자라고 있는 거지? 아이에서 차 츰차츰 남자로 자라고 있는 거지?

은행잎
한 묶음

"눈 좀 감아 봐, 엄마한테 선물할 게 있어."

감은 눈을 떠 보니 일곱 살의 환이는 두 손에 노란 은행잎 한 묶음을 들고 서 있다. 한 묶음이라야 서너 잎에 불과했지만 잃어버릴까 봐 어린 마음에 걱정이 되었던지 가느다란 고무줄로 칭칭 감기까지 했다. 잘 다듬어져 있지 않은, 있는 그대로의 투박한 모습이지만 그 서너 잎의 은행잎 한 묶음을 바라보려니 가슴 언저리가 뜨끈해진다.

피아노 레슨을 마치고 비를 피해 집으로 달음박질해 오는데 길가에 흩어진 노란 은행잎이 비를 맞고 있는 것이 추워 보여 가엾더란다. 따스하게 비를 가려 주려고 한

잎 두 잎 주머니에 넣다 보니 문득 엄마에게 선물하고 싶은 생각이 들더란다.

하늘에서 내리는 저 빗방울도 이제는 순수한 빗물이 아니라고 한다. 강과 호수, 심지어는 아름다운 예술 조각품, 석상까지를 암세포처럼 꺼멓게 파먹어 가는 산성비. 죽음을 부르는 비라고 한다. 나는 환이에게 우산도 가져다주지 못했다. 사는 게 다 뭔지… 동동거리고 바쁘게 살다 보니 참된 소중함을 저만큼 잊고 살 때가 많다. 이게 아닌데 싶어 마음속으로 썰렁하니 휙휙 마른 바람이 스쳐갈 때도 많다.

그러나 사람의 마음을 일깨워 주고 감동을 주는 것은 이렇게 작은 것 속에 깃든 참됨이 아닐까. 좀 꺼끌꺼끌하니 투박해 보여도 눈빛을 반짝이며 어린아이가 건네준 은행잎 한 묶음 같은, 하나하나의 오롯한 정성이 깃든 작은 마음씨들이 아닐까.

창가에 놓인
파인애플 한 덩이를 보며

환이 "아, 달콤한 냄새."

나 "그래, 정말 향기롭지?"

환이 "한 입 베어 물면 달콤하게 맛있을 거야."

나 "응, 근데 그냥 먹는 것보다 이렇게 놓고 바라보 면 두 배로 먹는 거야. 눈으로 볼 수 있고 코로 달콤한 냄새를 맡을 수 있으니까, 향기로움을 마 음속에 간직하고 오래오래 먹을 수 있잖아."

환이 "그렇지만 그냥 놔두었다가 썩으면 버리게 되잖 아, 아깝다."

나 "베어 먹어도 버리는 거잖아, 단번에."

환이 "아, 알았다. 두고두고 오래 먹자아. 눈으로, 코
로, 마음으로."

산타클로스
할아버지

"작년에 그 선물, 산타클로스 할아버지가 주신 것 아니지요?"

어느 날, 느닷없이 환이가 물었다.

"아니야, 산타클로스 할아버지가 주신 거야."

"아니에요, 다 알아요. 산타클로스 할아버지가 아니에요. 엄마나 아빠가 미리 다 얘길 해서 그 선물을 산타클로스 할아버지가 사 주신 것처럼 한 거지요?"

"아니야, 엄마나 아빠가 산 게 아니래두."

"아니에요, 산타클로스는 없어요."

환이가 씩씩댔다.

"아주 어릴 때 먼젓번 선물은 할머니가 대신 사 주신 거구, 그다음 크리스마스 때는 엄마가 사 주신 거구… 그다음에는 아빠가 대신 사 주신 거지요? 산타클로스는 없어요. 나도 다 알아요."

"아니래두 그래, 산타…"

"엄마, 어른이 거짓말해두 돼요?"

"……."

"딴 애들이 그러는데 산타클로스는 없대요. 날 보고 아직도 그걸 믿는다고 바보래요."

나는 그 소리에 그만 질려 버렸다. 더 이상 변명할 재주도 없어 그만 허허 웃고 말았다. 환이의 얼굴 표정을 보니 뭔지 그동안 몇 년 동안이나 계속 속아 온 것이 섭섭한 눈치다. 벼르고 벼르던 눈치다. 나쁜 뜻으로 너에게 거짓말을 한 것은 아닌데… 어떻게 설명해 주어야 할까.

환이가 유치원 다닐 때의 크리스마스가 생각난다. 기다리는 산타 할아버지는 약속된 시간이 되어도 좀처럼 오시지 않았다. 기다려도 기다려도 오시지 않는 산타클로스 할아버지와 선물을 기다리고 있는 아이들은 저마다 소리를 질렀다.

"산타 할아버지가 눈길이 미끄러워서 오다가 넘어지셨어요?"

"썰매가 망가졌어요?"

"왜 이렇게 안 오세요?"

다급해진 선생님은 지금쯤 산타 할아버지가 여의도로 오고 계시다고 변명을 하셨다. 아무리 기다려도 산타 할아버지는 오시지 않았다. 아이들은 기다리다 지루해서 장난들을 치고 선생님과 학부형들은 모두 난처해하는데 그때 마침, 헐레벌떡 할아버지가 들어오셨다. 얼마나 급히 달려오셨는지 흰 수염이 떨어지려고 한쪽으로 비뚤어진 채 펄럭거렸다. 저마다 웃음이 터졌다.

산타 할아버지는 땀을 뻘뻘 흘리시며 입장이 난처해지셨는지 몇 마디 하시고는 뒤로 돌아 한 손으로 연신 떨어지려는 수염을 꾹꾹 누르고 계셨다.

"애들아, 이 산타 할아버지가 오늘은 아주 바빠요. 기다리는 아이들은 많고, 할아버지는 혼자이니 얼마나 숨이 차는지 말이야."

할아버지는 헉헉거리며 큰 숨을 내쉬셨다. 선생님도 학부형들도 고개를 돌린 채 웃음이 터져 나왔다. 나중에 알고 보니 그날, 산타 할아버지는 유치원, 고아원… 등 하루에 열 군데 이상을 겹치기 순회하셨다고 한다.

한 사람, 한 사람… 아이들의 이름을 부를 때마다 기다리다 지친 아이들은 덥석덥석 선물을 받아 갔다. 환이의 이름이 불렸다. 환이는 장난감 중에서 비행기나 로봇을 무척 좋아했다.

"착한 환아, 엄마 아빠 말씀 잘 듣고 항상 건강해라. 친

하늘, 별, 사슴 그리고 환이

구들과 더욱 사이좋게 놀고. 네가 제일 갖고 싶어 하던 비행기란다. 산타클로스 할아버지가 주는 선물이다."

산타 할아버지가 말씀하시는 동안 환이는 이상하다는 듯 고개를 갸우뚱갸우뚱했다. 선물을 받을 손도 내밀지 못하고 할아버지의 얼굴에서 떨어지려는 흰 수염을 유심히 지켜보고 있었다.

산타 할아버지는 가짜라는 것이 들킬까봐 걱정이 되셨는지,

"자아, 선물 빨리 받아 가지고 제자리로 들어가요."

하시며 성큼 환이의 두 손에 선물을 안겨 주셨다.

그날, 선물 꾸러미를 풀어 본 환이는,

"어떻게 아셨을까? 이상하다, 참 이상하다. 어떻게 내가 비행기를 갖고 싶어 한 것을 아셨을까?"

몇 번이고 되뇌었다.

"어떻게 내 마음 아셨을까. 내가 비행기 좋아할 줄을…"

몹시 궁금했던 모양이다.

그날, 산타 할아버지를 유심히 바라보던 환이의 눈동자를 난 잊을 수가 없다. 이미 그때부터 뭔가 좀 이상했었나 보다. 그래도 작년에는 아무 말 없더니 이렇게 난데없이 기습한 것이다. 네가 어느새 이렇게 자라다니….

하나님이
다 알아서 해주세요

아주사(L.A.에서 1시간 거리)에서 어느 댁의 추도예배를 보고 돌아오는 길이었다. 자동차가 한참 프리웨이를 달리고 있는데 말이 없던 환이가 입을 열었다.

"목사님, 저는 아까 예배드리면서 한 가지 실망했어요."

"실망했어? 무슨 일인데…"

"어른들은 예배를 드리면서 왜 다리를 꼬고 앉아 있지요? 하나님께 기도드리고 하나님께 찬송가를 부르고 하나님의 말씀을 들으시면서 어떻게 감히 다리를 꼬고 앉으셔서 예배를 드릴 수가 있어요?"

"하! 이 녀석 좀 봐라. 신통한 소리 하네. 그래, 네 말이

하늘, 별, 사슴 그리고 환이

맞아. 어른들이 잘못했구나."

나는 당황한 채 얼굴이 빨개져서 환이의 팔을 지그시 눌렀다.

"집에 가서 엄마한테 얘기해도 되잖아… 아휴, 목사님, 죄송합니다."

"아니야, 엄마! 아까 목사님이 '다 같이 기도합시다' 그러셨는데 눈을 감는 순간 보니까 의자에 앉아 계시던 어른들이 전부 그렇게 앉아 계시던데요? 목사님은 '경건한 마음으로 예배를 시작하겠습니다' 그렇게 말씀하셨는데, 하나님께 예배를 드리면서 어떻게 의자에서 다리를 꼬고 편안하게 기대앉아서 예배를 드릴 수가 있어요?"

나는 쥐구멍이라도 찾고 싶었다. 자리가 비좁아 우리는 방석을 깔고 앉아 거실 바닥에서 예배를 드렸는데 아닌 게 아니라 의자에 깊숙이 몸을 뒤로 젖힌 채 다리를 포갠 사람들의 모습이 민망하긴 했었다.

"그렇더라도 지금 차 안에서 그 얘길 하면 어떡하니?"

조그만 소리로 내가 환이의 귓가에 속삭였다.

"아닙니다. 환이 말이 맞는 얘기예요. 그래서 어른들도 애들한테 배워야 한다고 하잖아요?"

"목사님, 저도 한 가지 크게 잘못한 것이 있어요."

"너도 잘못한 게 있어? 어디 말해 봐, 그게 뭔데."

"예전에 L.A.에 오기 전에 하시엔다에서 교회에 다닐 때 우리 동네 사는 친구 한 사람을 전도했거든요. 교회에

우리둘이는   328

안 가려고 하는 걸 겨우 전도해서 저하고 같이 교회에 가
게 됐어요."

"전도했으면 잘한 일이지, 왜 잘못했어?"

"저하고는 친구니까 아무 탈 없이 교회에 잘 나갔는데
요, 제가 L.A.로 이사 오면서 그 애한테 자세한 얘길 못
했어요. 교회 선생님께 특별히 잘 부탁드려서 제 친구 좀
잘 지켜 달라고 말씀도 못 드리고… 어떡하지요? 그 애는
보나 마나 제가 안 가면 교회에 안 나갔을 텐데… 교회에
서는 그 애 집도 어딘지 모르거든요. 그럴 줄 알았으면 그
친구네 주소하고 전화번호를 선생님께 가르쳐 드렸어야
했는데… 제가 그만 깜박 잊어버렸어요. 제가 잘못했어
요. 어떡하지요."

"글쎄… 갑자기 떠나오니까 그렇게 되었구나. 네가 그
친구한테 전화하면 되잖아. 나 없더라도 교회에 열심히
다니라고 말이야."

"그런데 저도 그 애 집 전화번호를 안 적어 왔어요. 모
르는걸요. 그러니까 더 답답하지요."

"듣고 보니 안됐구나, 어떻게 하면 좋을까?"

"아, 좋은 수가 있어요. 하나님께 기도 열심히 해서 하
나님이 다 알아서 해주세요 하고 부탁하면 되겠지요?"

　　　　　　　　하늘, 별, 사슴 그리고 환이

1달러밖에
없던 날

환이 성적표, All A.

고맙다. 엄마는 도와준 것이 하나도 없는데 혼자 얼마
나 힘들었을까. 불과 몇 달 사이에 3년 과정을 따라갈 수
있도록 놀라운 진전을 보여 주었다고 너의 담임선생님은
기뻐하셨지.

"무엇을 줄 때나 받을 때나 항상 두 손으로 받고 주고,
'고맙습니다'를 잊지 않고. 그게 쉬운 것 같아도 실제로
행동에 배긴 힘든데 언제나 봐도 한결같아요. 학급에서
제일 모범생이에요."

엄마는 괜스레 눈물이 핑 돌더라. 돌아오는 길목에서

계단을 내려오며 엄마가 얘기했지.

"환아, 정말 잘했다. 엄마는 아무것도 해준 것이 없는
데… 엄마는 네가 자랑스러워. A학점을 받아서가 아니라
네가 F학점을 받았어도 엄마는 네가 자랑스러워. 왜냐하
면 네가 열심히 한 것으로 충분하니까. 항상 너의 마음을
다 아니까. 엄마가 하도 기뻐서 너에게 무얼 하나 사 주고
싶은데 무슨 선물을 하면 좋을까?"

너는 내 손을 잡은 손에 지그시 힘을 주며 이렇게 말
했지.

"사랑해 주시는 것, 하나면 돼요. 엄마, 그걸로 충분
해요."

오늘따라 내 주머니엔 1달러밖에 없던 날.

L.A.에서

하늘, 별, 사슴 그리고 환이

환이의
고민

　학교에서 돌아온 후 계속 말이 없다. 숙제도 잘되지 않고, 놀러 나가라 해도 시무룩하다. 내일부터 며칠 동안 학교에 가지 않을 수만 있다면 차라리 그렇게 하고 싶다고 한다.

　왜 그러느냐고 물어도 오랫동안 말을 하지 않더니

　"엄마에게 말하기 어려운 걱정거리가 있으면 주님께 기도드려 봐. 도와주실 거야, 꼭."

　"아, 참? 내가 왜 그 생각을 못 했지? 주님은 내 마음을 알고 계실 텐데…"

　환이는 책상 앞에 앉은 채로 노트를 덮고 기도를 하기

시작했다.

"주님, 속상해요. 지기오가 제 마음을 너무 몰라주고 자꾸만 견딜 수 없게 해요. 주님이 저의 마음을 다 아시지요? 그 애와 싸우지 않게 해주세요. 싸움을 걸어오는 그 애가 저는 싫어요. 그러나 사이좋게 놀고 싶어요. 앞으로 다시는 그 애가 저를 못살게 굴지 않도록 주님이 그 애에게 타일러 주세요."

그랬었구나. 며칠 전부터 학교에서 돌아오면 짜증이 심하고 혼자 속으로 무언가 끙끙 앓는 것 같더니 친구 때문이었구나. 그 애와 한 반이 된 첫날부터 자꾸만 아무에게나 툭툭 치고 무얼 가져가기도 해서 골치였던 모양이다.

환이에게도 심하게 짓궂은 장난을 쳐서 공부하는 시간에도 선생님께 몇 번 주의를 받았다고 한다. 그래도 화가 나는 것을 꾹 참아 왔는데 오늘은 환이에게 시비를 걸면서 환이랑 제일 친한 아이와 같이 놀지 말아야 한다고 엄포(?)를 놓더란다. 만약에 자기 말을 듣지 않으면 가만두지 않겠다고 하더란다. 은근히 겁도 나고 참을 수도 없고 속상해서 혼자 고민을 한 것이다.

"엄마, 어떡하지? 난 싸우기 싫은데…"

"그래, 싸우지는 말고 무슨 좋은 방법이 없을까?"

"나 내일 학교엘 가지 말까?"

"그렇다고 학교에 안 가면 버릇 돼, 그거 좋지 않아."

하늘, 별, 사슴 그리고 환이

"그럼 어떡하지? 마주치지 않을 수도 없고."

"오늘 밤 기도를 해보자. 좋은 생각을 주님이 가르쳐 주실 거야. 너무 걱정하지 마."

다음날 학교에서 돌아온 환이는 싱글벙글이었다. 휘파 람을 불며 으쓱으쓱 기쁘게 춤을 추었다. 환이가 기분이 좋을 때는 마이클 잭슨의 흉내를 내며 춤을 추는 버릇이 있다.

"주님이 지혜를 주셨는데, 자기가 안 넘어가고 배겨?"

환이는 휙휙 날아갈 듯 춤을 추었다. 아침에 마주친 그 애에게 환이가 웃으며 먼저 인사를 했는데 그 애는 대꾸 도 없이 모른 척하더란다. 그래서 지난 밤에 쓴 편지를 건 네주니 받지 않고 내팽개쳐 버리더란다.

마침 선생님이 그 광경을 보시니 마룻바닥에 떨어진 편지를 주우셔서 읽어 보시고 그 애를 불러 타이르시며 그 편지를 주셨다고 한다.

"뭐라고 썼는데? 편지에."

"예수님은 너를 사랑하신다. 나도 너를 좋아해. 나는 너의 친구가 되고 싶어. 나는 너와 싸우고 싶지 않아. 우 리 서로 싸우지 말고 친구가 되자."

그리고 환이가 지금까지 제일 소중하게 아끼며 간직해 왔던 예수님의 사진을 편지 속에 넣어주었단다. 그 예수 님의 사진은 할머니가 주신 크리스마스 선물로 환이가 보물처럼 아끼던 사진이었다.

　선생님이 건네주시는 편지를 처음에는 몇 번이고 거절하던 그 애는 결국 마지못해 그 편지와 사진을 보더니 멋쩍은 듯 씩 웃더란다.

　　　　　　　　　　　하늘, 별, 사슴 그리고 환이

환이의
낙서

나는 무엇인가.

나의 하나님은 나를 어떻게 생각하고 계신지 궁금하다.

환이가 즐겨 낙서를 하거나 그림을 그리곤 하는 연습장에 쓰여 있는 두 줄의 글을 보는 순간, 나는 뜨끔했다. 아마 이 글을 쓸 때 환이는 우울했거나 자신에 대해서 깊이 생각했을 것이다. 그러다가 조그만 나는 과연 무엇인가 하고 궁금했던 모양이다.

환이는 이제 겨우 여덟 살이다. 자아의 눈뜸이다. 그러나 생각보다 빨리 찾아온 느낌이다. 예전에도, 지금보다 더 어렸을 때도 가끔 질문했다.

"엄마, 사람은 왜 태어났어요?"

"왜 하나님은 사람을 흙으로 만드셨어요?"

"엄마, 마음속으로 절대로 그렇게 하고 싶지 않았는데 어떤 때는 나도 모르게 내가 생각해도 나쁜 행동, 싫은 행동을 할 때가 있어요. 왜 죄를 짓게 되는 거예요, 엄마?"

"엄마, 방황이 무슨 뜻이에요?"

평범하고 당연한 궁금증인데도 나는 때때로 아득하다. 아, 그럴 때는 무어라고 대답해 주어야 하는가. 엄마인 나도, 환이보다 몇십 년을 더 살아온 나 자신도 때때로 부딪치는 의문점이 아닌가. 그리고 아직까지도 뚜렷한 정답을 찾지 못하고 있는 형편이 아닌가.

부끄럽지만, 부끄러운 그대로를 나는 환이에게 시인한다. 절대로 '아직 어리니까 넌 그런 것 몰라도 돼'라고 쏘아붙이지는 않는다.

'엄마도 잘 모르겠어. 같이 생각해 보자'라고 말할 때가 종종 있다. 그러나 분명하게 말할 수 있는 것이 있다. 환이가 무얼 잘못했을 때, 내가 나무라거나 지적하기 전에 스스로 깨닫고 환이가 마음 아파할 때가 많다.

"너 이거 왜 이랬어?"라고 호통치지는 않는다. 환이가 자책하고 있기 때문이다. 나는 환이가 심한 자책감에 빠지지 않게 하기 위하여 항상 말한다.

하늘, 별, 사슴 그리고 환이

"환이야, 사람은 누구나 다 잘못할 수가 있어, 걱정하지마."

"엄마도 어릴 때 잘못한 게 많았어요?"

침울하게 묻는다.

"그럼, 아주 많았어. 어른이 되어서도 많았어. 지금도 많아. 그러지 말아야지 하다가도 잘못하는 수가 더 많아."

"예수님만 빼놓고, 사람은 다 잘못하는 때가 있군요."

"그럼, 하루에도 몇 번씩 잘못을 저지르는데 하나님이 그 죄를 다 용서해 주시니 얼마나 하나님의 사랑이 크시니. 용서해 주신다고 우리가 자꾸 잘못만 하면 하나님이 참 섭섭하실 거야. 그걸 깨달으면서도 잘 안될 때가 많은 건 우리 마음이 약해서일 거야. 그러니까 약한 우리 마음대로만 살지 않고 하나님이 옳은 길로 이끌어 주시기를 기도해야지. 하나님이 환이를 얼마나 사랑하고 계시는지 알고 있지?"

"네, 잘 알아요."

환이는 고개를 끄덕인다. 한참 동안.

"엄마나 아빠가 너를 사랑하고 있는 것보다 더 많이 하나님은 너를 사랑하고 계셔, 아껴주시고. 엄마는 너를 낳았을 뿐, 정말 너를 내게로 보내 주시고 보호하고 길러 주시는 분은 항상 하나님이시란다. 깨어 있을 때도 그렇지만 잠든 순간에도 다 지켜 주신단다. 엄마는 하나의 통로에 지나지 않아. 엄마를 통해 왔을 뿐이야. 이다음에 환이가 돌아가야 할 영원한 고향도 하나님께란다. 엄마도, 아빠도, 할머니도, 외삼촌도…"

1985년 1월 16일 밤

L.A.에서 아홉 살 때

하늘, 별, 사슴 그리고 환이

환이에게
찾아오신 예수님

"오늘은 성경 어디를 읽을까요?"

"네 마음대로 읽고 싶은 데 읽으렴."

"그래도 엄마가 하나 골라 주세요."

"그럼 고린도전서 13장을 읽어 봐."

성경을 펼친 환이는 소리 내어 읽기 시작했다.

내가 사람의 방언과 천사의 말을 할지라도 사랑이 없으면 소리 나는 구리와 울리는 꽹과리가 되고 내가 예언하는 능이 있어 모든 비밀과 모든 지식을 알고 또 산을 옮길 만한 모든 믿음이 있을지라도 사랑이 없으면 내가 아무것도 아니요, 내가 내게 있는 모든 것으로 구제하고 또 내 몸으로 불사르게 내어줄지라도 사랑이 없으면 내게 아무 유익이 없느니라.

사랑은 오래 참고 사랑은 온유하며 투기하는 자가 되지 아니하며 사랑은 자랑하지 아니하며 교만하지 아니하며 무례히 행치 아니하며 자기의 유익을 구치 아니하며 성내지 아니하며 악한 것을 생각지 아니하며 불의를 기뻐하지 아니하며 진리와 함께 기뻐하고 모든 것을 참으며 모든 것을 믿으며 모든 것을 바라며 모든 것을 견디느니라.

사랑은 언제까지든지 떨어지지 아니하나 예언도 폐하고 방언도 그치고 지식도 폐하리라.

우리가 부분적으로 알고 부분적으로 예언하니 온전한 것이 올 때에는 부분적으로 하던 것이 폐하리라.

내가 어렸을 때에는 말하는 것이 어린아이와 같고 깨닫는 것이 어린아이와 같고 생각하는 것이 어린아이와 같다가 장성한 사람이 되어서는 어린아이의 일을 버렸노라.

우리가 이제는 거울로 보는 것같이 희미하나 그때에는 얼굴과 얼굴을 대하여 볼 것이요, 이제는 내가 부분적으로 아나 그때에는 얼굴과 얼굴을 대하여 볼 것이요, 이제는 내가 부분적으로 아나 그때에는 주께서 나를 아신 것같이 내가 온전히 알리라. 그런즉 믿음, 소망, 사랑, 이 세 가지는 항상 있을 것인데 그중에 제일은 사랑이라.

하늘, 별, 사슴 그리고 환이

오늘따라 나무 막대기로 십자가를 만들던 환이. 나는 그때 예레미야를 읽고 있었다.

"성경을 읽으며 들어요."

환이는 복음 성가 테이프를 녹음기에 꽂았다. 나는 성경을 읽고 환이는 나무 십자가를 만들며 음악을 들었다.

한참 후 환이를 바라보니 환이는 일어서서 창밖을 바라보고 있었다. 자그마한 이 아파트에 가장 마음이 놓이는 것은 방이고, 부엌이고, 화장실이고, 어디에서든지 교회 십자가가 보이는 것이다. 윌셔에 자리 잡는 미국 사람들의 교회지만 마음 답답할 때 창밖을 바라보고 있노라면 그 교회 십자가는 우리 가족들에게 큰 위안을 주곤 한다.

창가에 서 있는 환이의 뒷모습을 바라보며 나는 환이가 아무 말 하지 않아도 교회 십자가를 보고 있음을 느꼈다. 한참을 그렇게 서 있던 환이의 어깨가 흔들렸다. 창가에 기댄 채 소리 없이 울고 있었다.

"좋으신 하나님, 너무 감사해요. 감사해요."

환이의 목소리에도 눈물이 배어 있었다. 갑자기 환이가 나에게로 돌아섰다.

"엄마, 갑자기 저쪽 교회 십자가 맨 꼭대기에 흰옷 입으신 예수님이 이렇게 두 팔을 벌리고 계신 모습이 보여."

다시 돌아서서 창가로 가더니 유리창에 이마를 대고 울고 있었다. 환이의 뒷모습을 보며 내 마음도 울고 있었다. 그러나 환이를 잠시 그대로 두는 것이 좋을 것 같았다. 나는 성경을 덮었다.

"주님, 지금 이 시간 어린 환이의 가슴속에, 영혼 속에 계시는군요. 감사합니다. 정말 감사합니다."

환이는 계속해서 유리창에 이마를 댄 채 울고 있었다. 나는 일어섰다. 그에게로 걸어가 선 채로 환이를 품에 안아 주었다. 환이는 내 가슴에 얼굴을 묻고 오래도록 눈을 감고 있었다. 나는 환이의 얼굴을 바라보았다.

"엄마, 말할 수 없이, 말할 수 없이 기뻐!"

두 볼에 눈물이 흘렀다. 내 가슴에 안긴 환이도, 바라보고 있는 내 얼굴에도.

"엄마, 포근하고… 이렇게 마음이 기쁠 수가…"

갑자기 바닥에 쿵, 주저앉았다. 그리고 환이는 작은 두 주먹을 꽉 쥔 채로 흑흑 느껴 울기 시작했다.

"하나님, 감사합니다."

환이는 울며 기도했다. 침대에 누워 계시던 어머니도 환이의 뜨거운 마음을 느끼셨던지 내려오셔서 무릎을 꿇고 감사의 기도를 드렸다. 요즘 들어 허리가 뻐근하셔서 힘들어하시던 어머니. 통증이 다리에까지 스며 몹시 괴로워하셨었다. 환이는 무릎을 꿇고 기도하시는 어머니께 기어가더니, 어머니의 허리와 편찮으신 다리를 두 손으로 움켜잡고 간절히 기도를 올렸다.

"하나님 아버지, 우리 할머니 아픈 곳 다 낫게 해주세

하늘, 별, 사슴 그리고 환이

요. 저는 아무 힘이 없어서 할머니를 낫게 해드리지 못하지만 하나님이 도와주세요. 하나님만이 하실 수 있습니다. 우리 할머니 아프신 허리와 다리가 빨리 다 나아서 전도도 더 열심히, 많이 하실 수 있도록 도와주세요. 우리 할머니는 정말 좋은 할머닙니다. 우리 할머니가 하나님을 더욱 사랑하실 수 있도록 하나님이 지켜 주세요."

환이의 목소리는 떨리고 있었다. 떨며 간절히 애원하고 있었다. 그리고 내 손을 더듬어 잡고 기도했다.

"주님, 우리 엄마, 주님의 딸인 우리 엄마를 꼭 지켜주세요. 엄마가 마음속으로 원하고 계신 기도를 주님이 꼬옥 들어주세요."

어머니, 환이, 나⋯ 우리 셋은 그 밤, 불현듯 찾아오신 성령, 그 은혜 속에서, 축복 속에서 울었다.

"나 내일 아침 금식할래요."

환이는 아침 식사표를 짝짝 찢어 버렸다.

"배고파서 어떻게 하려고. 참을 수 있겠어?"

대견한 듯 웃으시며 할머니가 말씀하셨다.

"내가 아침 한 끼쯤 굶었다고 어떻게 되겠어요? 하나님의 아들인데."

환이도 웃으며 힘차게 말했다.

"아이구, 착한 우리 손자야."

할머니는 환이를 안으시며 궁둥이를 툭툭 두드려 주

셨다. 평소에 환이는 참을성이 꽤 있는 편이지만 배고픈 것만은 참질 못하는 성미였다. 아플 때도 식사만은 거르는 일이 없었다. 그런 환이가 자진해서 금식을 결심한 것이다. 어머니와 나는 환이의 손을 잡고 다시 주님께 감사기도를 드렸다.

우리는 살아오는 동안 단 한 번도 환이에게 '교회 가라, 금식해라, 성경을 읽어라' 등을 강요한 일이 없다. 그러나 환이가 제법 걸을 수 있게 되면서부터 교회 가시는 할머니를 따라 자연스럽게 교회에 나갔고 유치원에 다니면서부터는 혼자 습관처럼 주일학교에 다녔다. 아무리 몸이 아파도 빠지는 일이 없었다. 한겨울에 날씨가 너무 매워서 내가 걱정을 하며

"환이야, 오늘은 날씨가 너무 추우니까 감기 들겠다. 오늘은 하루 쉬고 그 대신 집에서 기도해라."
했다가 한 방 멋지게 환이에게 얻어맞은 기억이 난다.

"그러니까 더 가야지, 엄마. 너무 추우니까 감기 들지 않게 해달라고 기도해야지."

나는 그때 어린 아들보다도 못한 엄마인 것을 부끄러워하며 환이를 보냈었다. 속으로 믿음이 약한 나 자신이 얼마나 한심스럽던지.

"주님, 용서하세요. 제가 또 잘못했습니다."

눈보라가 몹시 휘몰아치는 저녁이면 환이는 애처롭게 창밖을 바라보며 서성이곤 했다.

하늘, 별, 사슴 그리고 환이

"하나님, 내일 우리 할머니 새벽기도 가시는데 미끄러지지 않도록 해주세요."

천국은 어린아이와 같은 마음을 지녀야 들어갈 수 있다고 하지 않았던가. 그래서 예수님께서도 나에게로 오는 어린아이들을 아무도 막지 말라고 하셨나 보다.

추운 겨울날, 따끈따끈한 아랫목에 미련을 두시다가도 어머니는 새벽녘에 자리를 훌훌 털고 일어나셨다.

"어린 환이의 믿음을 생각해서라도 할머니가 꾀를 부릴 수가 없다."

그런 새벽일수록 환이는 일찍 잠에서 깨었다. 신을 신으시는 할머니의 모습을 지켜보며

"할머니, 넘어지지 말고 다녀오세요. 조심하세요. 따뜻하게 옷을 입고 가세요."

"오냐, 오냐. 추운데 우리 신 장군 어서 들어가라. 하나님이 다 지켜 주실 거야. 아무 걱정 하지 말고 들어가서 더 자라."

할머니는 환이의 얼굴에 뽀뽀를 해주시고 품에 안아 주셨다.

현관문을 열고 나가시는 할머니의 모습이 멀어질 때까지

"할머니, 천천히 가세요. 미끄러지시면 안 돼요."

문밖에 서서 손을 흔들던 환이. 다섯 살 때였다.

나는 그때를 회상하며 넌지시 말했다.

"환아, 금식을 해야겠다고 결심한 것은 잘한 일이야. 그렇지만 오늘 밤 자고 나서 내일 아침에 일어나면 또 마

우리둘이는

음이 달라질 수도 있으니까 성급하게 미리 약속하지 말고 내일 금식할 수 있으면 해. 금식 그 자체는 좋은 것이지만 또 환이가 내일 배가 고파서 아무리 참으려 해도 안 되면 할 수 없잖아. 하나님은 너의 속마음을 다 아시니까 걱정하지 말고…"

"엄마, 남자가 한번 한다고 약속했으면 그 약속을 지켜야지요. 아무리 제가 어리긴 하지만 저도 남자인데요. 내가 무슨 일이 있어도 저는 금식할 거예요."

"그래, 금식하는 일도 우리 마음대로 하는 일이 아니지. 네가 그렇게 단단히 결심한 것을 보니 성령님이 도우셨구나."

"아까 누군가 내 머리에 손을 대고 가만히 만져 주는 것 같았는데 별안간 나는 넘어졌어요. 엄마. 찌릿하니… 전기가 오는 것처럼 몸이 이상하던데… 마음이 참 기뻤어요."

할머니는 전도지를 꺼내 한 장 한 장 접으셨다. 밤이 깊어가는 줄도 모르고 환이도 가까이 다가가 접는 것을 도왔다.

예레미야서, 그리고 고린도전서 13장의 사랑의 말씀!

나에게도 환이에게도 잊을 수 없는, 성령님을 만나게 해주신 말씀의 장이다.

1985년 1월 26일(토)

L.A.에서

하늘, 별, 사슴 그리고 환이

환이의
기도

Ⅰ

"엄마는 지금 내가 보고 있는 것을 볼 수 있을까? 내가 무엇을 느끼고 있는지 내 마음을 느낄 수 있을까?"

이슬이 맺힌 채 환이의 눈망울이 나를 바라보았다.

"예수님 모습, 머리 위에 가시관을 쓰신 모습, 십자가에 달리신 모습…, 이것 봐! 여기에도 저기에도 있어, 여기도…"

나를 바라보며, 내 가슴, 손등, 무릎, 발들을 손가락으로 하나씩 하나씩 짚으며 환이가 얘기했다.

전등도 켜지 않은 저녁이었다. 그러나 환이의 영혼이

등불을 밝힌 것이다. 환이가 기도를 하기 시작했다.

"우리 할머니와 우리 엄마, 영원한 주님의 딸이 되게 해주세요. 불 속으로 들어가라면 들어가겠습니다.

지금 당장 저는 힘이 없어 못 하지만 주님의 뜻에 따라, 주님의 뜻에 따라(환이는 '뜻에 따라'의 '뜻'의 발음을 간곡하게 했다) 할 수 있게 해주세요. 아이들과 싸우지 않고 더욱더 사랑하며 살아갈 수 있게 해주세요.

우리 아빠가 하나님을 꼭 믿고 하나님의 말씀대로 살아가는 데 절대로 흔들리지 않도록 도와주세요. 아무리 몸이 피곤하여도 성경을 읽고 아무리 몸이 피곤하여도 기도를 잊지 않고 아무리 몸이 피곤하여도 찬송가를 부르는 것을 잊지 않게 도와주세요.

마음은 그렇게 하고 싶어도 몸이 피곤해서 하지 못하는 사람들이 많습니다.

하나님! 우리 식구들이, 주님을 모르는 사람들 그리고 주님을 알지만 몸이 아프거나 바빠서, 피곤해서 안식일도 지키지 못하고 사는 사람들을 전도하고 싶은데 뜻대로 잘 되지 않을 때가 많습니다. 그럴 때마다 주님이 힘을 주세요. 큰 힘을 주세요.

주님은 평화!

주님은 기쁨!

주님은 나의 구주!

주님은 사랑!

하늘, 별, 사슴 그리고 환이

……(가슴이 메는지, 한참을 아무 말이 없다.)

주님!

주님의 이름만 생각해도 얼마나 기쁜지요.

제 마음을, 이 세상의 모든 것을 다 알고 계시는 주님,
우리가 살아가는 세상을 주님의 사랑으로 채워 주세요.

아멘."

Ⅱ

"읽었다 하면 성경이요,

노래 불렀다 하면 찬송가를 부르는

우리 가족들!

주여! 버리지 마옵소서."

우리둘이는

우린 수돗물이라도
있잖아요

숙제를 마치고 밖으로 놀러 나가는 환이에게 할머니가 말씀하셨다.

"이따가 다 놀고 집에 올 때 물 한 병만 사서 올래?"

"할머니, 아프리카 사람들은 먹을 것이 없어 수없이 죽어가는데 우린 수돗물이라도 있잖아요. 불쌍한 사람들을 생각하면 이것도 다행이니까 우리 그냥 수돗물 끓여서 먹지요."

할머님이 그러시더라.

L.A.의 물 사정은 이미 그 오염 정도가 수준치를 넘어

하늘, 별, 사슴 그리고 환이

물을 사 먹는 것은 하나의 상식이 된 지 오래다. 우유나 주스를 사 먹을 수밖에 없게 되었다. 그래서 외출했다가 돌아올 때는 잊지 않고 물을 사 들고 오곤 했는데 환이의 얘기가 있은 뒤로는 생각이 바뀌었다.

수돗물을 끓여 먹으려니 이상한 냄새가 나고 물을 받아 놓은 후에도 가라앉혀 찌꺼기를 걸러내야 하는 불편함도 있다. 그러나 환이의 얘기처럼 아프리카 사람들에 비하면 이나마 얼마나 과분한 일인가. 목이 마를 때 물이 없어 마시지 못하고 무수히 죽어가는 사람들에 비하면 지금의 생활은 과분하다.

가족들은 수돗물을 잠근 후에도 한 번 더 둘러보고 점검하는 버릇이 생겼다.

머릿속에
녹음을

수요 예배가 끝난 후 박 목사님께서 환이의 머리를 쓰다듬어 주시며 말씀하셨다.

"어떻게 목소리가 우렁찬지 남자 어른 열 사람을 데려다 놔도 끄떡없겠어. 아예 네가 어른 예배 때 찬양단에 들어와도 되겠다. 어떻게 넌 모르는 찬송가가 없니? 엄마가 다 가르쳐 주신 모양인지? 엄마를 닮았나 봐."

"저도 모르는 찬송가가 많아요. 모르는 찬송가를 부를 때는 1절은 부르지 않고 가만히 들어요. 그리고 머릿속에 잘 녹음을 해놨다가 2절부터 따라 부르면 되지요."

환이는 웃으며 말씀드린다. 환이의 표현이 옳다. 찬송

가를 부를 때 자신이 없을 때는 항상 가만히 듣고만 있다가 2절부터 따라 부르더니 제 표현대로 그때 머릿속에 녹음을 해두는 모양이다.

"머릿속에 녹음해 둔다고? 하하하."

목사님은 유쾌하게 웃으셨다. 그 후부터 우리 집에선 유행어가 하나 생겼다. 환이가 잠잠히 있을 때면,

"지금 머릿속에 녹음하고 있구나."

예수님한테
반하듯이

환이는 비행기를 참 좋아한다. 종이로 모형 비행기를 만들기도 하고, 색종이로 초록빛의 비행기, 별 떨기를 날개에 그린 하늘빛의 비행기 등, 비행기를 만들고 있는 순간은 그렇게 기쁨으로 가득 차 있다.

도서관에 들러서도 비행기가 담긴 책장을 넘기는 모습은 밝게 빛나는 눈빛이다. 장난감을 사 달라거나 하는 일도, 별로 조르는 일이 없는 한인데 비행기를 볼 때만은 달랐다. "엄마아…" 하고, 부르는 목소리가 유난히 따스할 때, 부드러울 때, 씨익 웃을 때는 그 목소리가 무엇을 원하고 있는지 나는 안다.

하늘, 별, 사슴 그리고 환이

비행기 그림을 유심히 바라보고 있던 환이가

"이번엔 안 되겠지요. 또 사면…."

하고 멋쩍어할 때가 있다.

"너는 비행기가 그렇게 좋으니?"

"네. 그냥… 비행기만 보면 반하는 거예요."

나는 웃음이 터졌다.

"반하는 거야? 반하는 게 뭔데?"

"그냥 이유도 없이 좋은 거예요. 보구 싶구, 갖구 싶구, 만져 보구 싶구, 쓰다듬어 보구 싶구 그려 보구 싶구 예수님한테 반하듯이…."

아! 정말 환이의 말이 맞는 말이다. 평생을 예수님께서 반해 살 수 있다면 얼마나 좋을까.

마음의
방향

기도

사랑

기쁨

성경

전도

천사

찬양

천국

동 서 남 북

하늘, 별, 사슴 그리고 환이

앞면에 흰 종이를 네 귀퉁이로 접어, 동서남북이라고 쓴 이 카드. 네 귀퉁이에 손가락을 넣고 이리저리 사방으로 오므렸다 펼쳤다 하며 환이가 혼자 놀이를 하고 있었다. 유심히 환이가 쓴 그 글씨를 바라보니 카드의 뒷면을 여덟 조각으로 나뉘어 기도, 사랑, 기쁨, 성경, 전도, 천사, 찬양, 천국이라고 쓰여 있었다.

노트를 접어 딱지 치거나 비행기, 학, 나비, 집 등을 만들며 혼자 놀던 환이는 무심히 놀이를 하는 중에도 주님을 향해 온 마음을 모으고 있었다.

어린 마음에도 동서남북 어디를 가든지 주님께로 가고 싶었던 간절함을, 주님께선 기쁘게 품어주셨을 줄 믿는다.

그래, 환아!

네가 차츰 자라면서 때로는, 어디로 가야 할까, 마음의 갈피를 잡을 수 없는 순간일 때도 지금처럼 잊지 말고 너의 마음의 방향은 주님께로 향하렴.

아이일 때보다 어른일 때가 마음의 갈피를 잡을 수 없을 만큼 어려운 순간이 더 많단다. 지금 네가 연필로 종이 위에 쓴 글씨처럼, 네 작은 손가락이 동서남북을 향해 이리저리 움직일 때처럼, 기도, 사랑, 기쁨, 성경, 전도, 천사, 찬양으로 너의 생애가 가득 찰 수 있기를 이 엄마도 기도해 줄게. 마음이 늘 천국일 수 있도록. 항상 오늘의 너의 이 연필 글씨를 기억하면서. 지금보다 더 많이, 더 간절히 기도해 줄게.

환이야! 너의 순수한 마음씨 그대로를 엄마도 지니고 살아가고 싶다.

너의 마음처럼 기도하며 사랑하고 기쁨 속에서 성경을 읽으며 전도하고 싶어.

내 마음도 천국으로 가득 찰 수 있도록.

천사도 부러워할 만큼 주님을 찬양하고 싶어.

환이 일곱 살 때

하늘, 별, 사슴 그리고 환이

영원한
것은

새벽 산책길에 풀숲 내음은 가슴속 저 깊은 곳까지 싱
그럽다. 작은 꽃은 작은 꽃대로, 줄기는 줄기대로, 잎사귀
는 잎사귀대로 방금 세수를 한 듯이 해맑다.

저만큼 앞서서 걸어가던 환이가 걸음을 멈추고 나를
부른다.

"엄마, 달팽이 좀 보세요."

기까이 가보니 죽은 듯 누워 있는 달팽이 한 마리에 셀
수 없이 많은 개미 떼들이 엉켜 있다.

"이상해요. 이렇게 큰 달팽이 한 마리를 어떻게 저런

조그만 개미 떼들이 잡아먹을 수 있는지."

"영원한 것은 하나도 없지. 어제는 풀숲을 기어가던 달팽이가 오늘은 개미의 밥이 되고."

"그러니까 크다고 자랑할 것이 없네요."

"그럼. 작다고 섭섭할 것두 없구."

"영원한 것은 하나님 한 분밖에 없겠네요."

"네 말이 맞아. 이 세상의 영원한 것은 하나님 한 분뿐이야."

"그럼 싫은 사람도 싫어할 필요 없겠네요. 영원하지 않으니까. 언젠가는 떠날 테니까."

'모든 아름다움은 들의 꽃과 같으니 풀은 마르고 꽃은 시드나 우리 하나님의 말씀은 영영히 서리라.'

풀 내음을 마시며 이사야의 말씀을 묵상한다. 들의 꽃처럼, 언젠가는 마르고 시들어 버리는 세상의 모든 것. 영원할 것처럼 거머쥐고 욕심부릴 일이 아니다. 좋다고 해서 너무 좋아할 것도 아니고 싫다고 해서 너무 싫어할 것도 아니다.

슬픔과 기쁨, 눈물과 웃음, 아름다움과 미움, 삶과 죽음.

눈에 보이는 것은 잠깐일 뿐, 언젠가는 모두 스러지고 만다. 오직 하나님의 말씀, 그 영원한 사랑을 깨달으면 저절로 머리가 숙여진다.

하늘, 별, 사슴 그리고 환이

노을을
바라보며

　요즘은 매일 해가 지는 모습을 지켜본다. 둥근 햇덩어리가 빨갛게 물든 채 바다 너머로, 지구 저편으로 타원형이었다가, 작은 삼각형이었다가, 하나의 점으로 사라져 버린다.

　사라져 가는 햇발을 바라보며 듣는 브람스, 심포니 제2번. 바다에는 바위를 치는 파도 소리, 실눈썹 같은 달 하나, 그리고 별 하나. 어디론가 무리를 지어 날아가는 갈매기 떼.

　'엄마!

우리둘이는

노을을 보면

예수님이 보여!'

바다에 잠기는 노을을 바라보며 환이가 소리쳤다.

샌프란시스코에서

1981년

하늘, 별, 사슴 그리고 환이

4.

주님도 때로는

그 한마디

정들었던 마이크 앞을 떠났던 날이다. 자신을 더욱더 충전시키기 위하여 스스로 고별인사를 하고 일어서야 했던 그 날 아침.

비행기 시간에 쫓겨 황급히 스튜디오 문을 밀치는데 전화벨 소리가 요란스럽게 울렸다. 전화를 받았던 엔지니어가 나에게 수화기를 건네주었다.

"여보세요. 제가 박인희입니다. 말씀하세요."

"…잘 다녀오세요."

한 여자의 목소리였다. 낮은 목소리, 부드러운 목소리였다.

"고맙습니다."

주님도 때로는

"……."

"……."

가슴이 저렸다. 그리고 전화는 끊겼다. 전화를 걸어 주신 분이 누구인지를 나는 모른다. 아마, 그동안 나를 아껴 주셨던 분 중의 한 사람일 것이다. 흔히 있을 수 있는 일일 수도 있다.

그동안 수없이 많은 전화를 받았다. 생방송 도중에, 또는 방송이 마악 끝날 때쯤, 또는 시외 통화료도 개의치 않고 한 시간 전부터 아예 미리 전화를 걸어 놓고 끊지 않고 줄곧 기다리는 분도 계셨다.

그토록 많은 격려를 받았지만 그날 아침, 고별 방송을 하고 애써 쓰라림을 억누르고 있을 때, 수화기 속의 그 한마디는 내 가슴을 어루만져 주었다.

단 한마디 "잘 다녀오세요…" 목소리 때문일 것이다. 진심이 담긴 목소리. 비록 그 한 마디뿐이었지만, 그분도 나도 더 이상의 대화가 필요 없었다. 어느 분인지, 모습이 어떠한 분인지, 아무것도 알 길은 없었으나, 우린 서로 그 한마디로 넉넉했다. 서로의 가슴을 헤아릴 수 있기 때문이다. 진심으로 떠남을 섭섭하게 여겨 주고 앞날을 걱정해 주는 따스한 마음.

그분의 목소리에서 나는 가슴을 느꼈다. 방송국, 그 긴 복도를 걸으며 나는 쓸쓸함을 지울 수 있었다. 마음의 소리가 덩덩 울렸다.

"죄송해요. 지금은 이렇게 떠날 수밖에 없어요. 다시 마이크 앞에 앉게 될 그 날이 언제일지, 저는 모릅니다. 타성의 껍질을 활활 벗을 수 있을 때 다시 돌아오겠습니다. 거듭거듭 새로워지고 싶어요. 끝이 아닌, 늘 시작하는 마음으로."

주님도 때로는

상자 속에

아침 방송을 끝내고 막 현관문을 나서려는데 누군가 나를 보며 웃고 있었다. 처음 만났으면서도 어디선가 늘 마주치던 모습처럼 환한 웃음을 띤 얼굴이 보였고, 경비원 아저씨의 목소리가 울려 왔다.

"이렇게 추운 날씨에 아침부터 일찍 찾아와 지금까지 여기 서서 기다렸어요. 꼭 만나보고 싶다고…"

아무 말 없이 그녀는 작은 상자 하나를 나에게 내밀었다. 어디에 사는지, 이름이 무엇인지 알 길이 없었다. 성냥갑만 한 작은 상자를 받아 들고 어설픈 인사를 나눈 채 급한 약속이 있었던 나는 그대로 자리를 뜨고 말았다.

차 안에서 궁금하던 상자를 열어보았다. 손으로 곱게 접어 만든 종이 상자였다. 상자를 열면 또 하나의 하얀 상자가, 그 상자를 열어보니 또 다른 상자가… 놀라움과 긴장으로 하나하나 풀어 본 상자는 50개나 되었다.

마지막, 새끼손가락만 한 작은 상자 속에 가느다랗게 돌돌 말린 종이 하나가 들어 있었다. 깨알만 한, 그러나 또박또박 정갈하게 쓰인 글씨가 확 눈에 들어왔다.

'God bless you!(신의 은총을!)'

갑자기 신의 은총을 나 혼자 다 받은 듯 가슴이 뜨거워졌다. 내가 무엇이기에, 작고 보잘것없는 내가 무엇이기에, 그녀는 달려와 이렇듯 아름다운 선물을 안겨 준 것일까. 여의도의 황량한 그 벌판을 가로질러 왔을 그녀는 얼마나 추웠을까. 우린 함께 뜨거운 차 한 잔 못 나누고 헤어지지 않았는가. 그녀의 환한 미소를 떠올리며 나는 몹시 부끄러웠다.

이다음에 내 아들에게 나는 이 소중한 선물을 가장 큰 축복으로 알게 하고 싶다.

신의 은총이 담긴 그 종이 상자를 열어보며 나는 아마 이런 얘길 들려주겠지.

"그때, 나는 살아있는 천사를 만났나 봐."

어둠 속의
합창

글을 쓰느라 밤늦도록 등불을 밝히고 앉아 있는 내 귓가에 합창 소리가 들린다.

인생은 연기 속에 재를 남기고
말없이 사라지는 모닥불 같은 것
타다가 꺼지는 그 순간까지
우리들의 이야기는 끝이 없어라

감전된 사람처럼 나는 펜을 든 채 자리에서 일어섰다. 밤 깊은 줄도 모르고 노랫소리가 울려 오는 곳을 향해 유리 창문을 열어젖혔다.

창 아래 저만치서 대여섯 명의 남녀가 어둠 속에서 합창하며 걸어오고 있었다. 어느 직장의 동료들인지 마음 맞는 친구들인지 친척인지 나는 알 수가 없다. 그러나 나는 찬 공기도 느끼지 못하고 창 아래로 고개를 숙인 채 어둠 속을 지켜보았다.

깊은 밤… 정말 고맙다.

그 노래, '모닥불'을 부른 내가 바로 이 시간, 자신들의 머리 위에서 아파트의 창문을 열고 합창 소리를 듣고 있는 줄도 모르고… 불빛 하나가 다가오고 한 대의 택시 속으로 그들은 사라지고 노랫소리도 멀어져 갔다.

1986년 3월 11일

새벽 2시 5분

주님도 때로는

버려진 가지
끝에서

아침 산책길에서 돌아오신 엄마가 품에 한 아름 꽃을
안고 오셨다.

"유도화군요, 웬일로 그 꽃을…"

"공원을 한 바퀴 돌아오는데 가지치기를 하는지 정원
사가 잘라 버린 꽃이 나무 아래에 수북이 쌓였더라. 버리
는 꽃가지니 아깝길래 주워왔지."

엄마는 풀빛 싱그러운 유리 꽃병에 물을 듬뿍 담아 유
도화를 꽂아 목욕실 창가에 놓으셨다. 바람이 불 때마다
엷은 분홍빛과 흰빛의 꽃잎이 하늘거렸다.

유도화는 엄마가 참 좋아하시는 꽃이다. 사직동 그 옛

우리둘이는

집의 뜰에도, 마루에도 유도화 화분이 놓여 있었다. 터가 넓은 갈현동으로 이사를 했을 때도 엄마는 잊지 않으시고 유도화를 심으셨다.

몹시 마음 아팠던 어느 해였던가. 엄마와 둘이서 비를 맞으며 찾아갔던 그 바닷가, 제주도에도 유도화는 만발했었다. 공항에 내리자마자 유도화는 가로수로 줄을 서서 우리를 반겨 주었다.

"유도화가 가로수인 것을 처음 보네요."

비에 젖은 싱그러운 얼굴로 유도화는 나의 마음을 어루만져 주었었다.

샌프란시스코에서도, 텍사스에서도, 캐나다에서도 유도화는 가로수로 서서 황막한 내 마음을 다 알고 있다는 듯 끄덕여 주었었다. 바다로, 산으로, 마을로, 언덕으로 끝없이 달릴 때마다 두고 온 고향의 얼굴처럼 꽃가지들은 손을 흔들었었다.

그러나 한 가지 아쉬웠던 것은 아무리 꽃 가까이 다가서서 향기를 맡아 보려 애를 써도 웬일인지 유도화에선 아무 향기도 맡을 수가 없었다.

달콤하지도 쌉쌀하지도 않은 꽃. 유도화엔 왜 향기가 없을까. 그렇게 무더기로 줄을 지어 섰건만 왜 맹숭맹숭한 가슴일까.

"꼭 매력 없는 사람 같네요. 아무리 예쁘게 차려도 멋을 느낄 수 없는 여자처럼."

주님도 때로는

엄마도, 나도 안타까워하며 은근히 유도화의 흉을 보았다. 어디에다 자신의 넋을 모두 빼앗긴 것일까. 작은 풀꽃 하나에도 저마다 독특한 향기가 있기 마련인데 유도화의 모습에선 고상한 매무새는 볼 수 있어도 향기만은 덤덤했다. 눈으로 보고 마음으로 느낄 수 있되 향취만은 남기지 않으려는 뜻일까.

아쉬워하면서도 내 마음속에서 유도화를 버리지 못하고 길을 걸을 때마다 바라보았다. 엄마가 품에 한 아름 꽃가지를 안고 들어오셨던 날도 나는 풀빛 유리병 주변에서 못내 안타까워했었다.

"너는 모습도 은은하니 곱고, 다 내 마음에 드는데 왜 너에게선 아무 향기가 없니?"

꽃가지를 바라볼 때마다 나는 한 마디씩 말을 건네곤 했다.

그러던 어느 날, 멀찌감치 떨어진 식탁에 앉아 책을 보고 있는데 어디선가 알지 못할 향긋한 내음이 스쳐왔다. 다른 꽃에서는 느낄 수 없었던 아련한 내음이었다. 주변을 두리번거리던 나는 그 아련함에 이끌려 목욕실 창가로 가보았다. 풀빛 유리병 가까이 다가섰을 때 가슴을 스치던 하얀 꽃들의 내음. 나는 큰일이나 난 것처럼 소리쳤다.

"엄마! 애네들이 우리 마음을 알았나 봐요. 향기가 나요. 어서 이리 오셔서 향기 좀 맡아 보세요."

엄마도 달려오셨다.

우리둘이는

"귀한 여인 같구나. 화려하지도 요염하지도 모자라지도 않게 고상한 인품을 지닌 여인에게서 느끼는 덕(德)과 같은 향기구나."

풀빛 유리병 속에 하얀 꽃잎들은 순결했다. 마음 어진 이들에게서 스며 나오는 은은한 향기. 버려진 가지 끝에서 꽃향기를 맡으며 생각했다. 유도화의 은은한 향기처럼 어진 여인이 되고 싶다.

주님도 때로는

모차르트, 피아노 협주곡 9번
···안단티노

　언젠가 어머니와 함께 모차르트의 '피아노 협주곡 0번 E-flat major K271'을 들을 때 어머니께서 하신 말씀이 잊히지 않는다.

　"음악은 사람의 마음을 움직이게 하는 이상한 힘이 있어. 성경을 읽는 것 이상으로 사람의 마음을 움직여. 이 음악을 들으니까 자신의 잘못도 되돌아보게 되고··· 잘못했거나 어떤 일에 섭섭함을 느꼈거나 할 때 '아! 내가 왜 그때 그랬을까? 참 잘못했구나, 조금 더 마음이 너그러웠더라면 좋았을걸···' 하는 후회도 생기고 말이야. 음악이 이렇게 좋은 줄 몰랐어."

우리둘이는

침대 끝에 걸터앉으신 채 어머니는 물끄러미 나를 바라보셨다. 어머니의 두 눈에는 이슬이 어른거리고 코끝이 빨개지셨다. 그리고 물끄러미 먼 곳을 바라보셨다. 어머니는 그때 음악을 들으며 성경을 읽고 계시는 중이었다.

"성경을 읽는 것 이상은 아니지만 성경만큼 좋지요?"

어머니는 아무 말씀이 없으셨다. 나도 아무 말이 없었다. 어머니는 여전히 눈망울이 젖으신 채 먼 곳을 바라보고 계셨다.

피아노 협주곡 9번 중 알레그로에 이어 안단티노를 들으시며 하신 말씀이다. 우리는 이 협주곡 9번 중에서도 특히 안단티노를 몇 번이고 몇 번이고 되풀이해 들었는지….

나는 이 피아노 협주곡 전 악장을 특히, 안단티노를 다 외워 버릴 정도가 되고 말았다. 책을 읽다가도 길거리를 걸어가다가도 속으로 흥얼흥얼 며칠 동안을 계속해서 이 멜로디가 입속에서 흘러나왔다.

모차르트는 이렇게 아름다운 음악을 남기고 갔으니 아무런 후회가 없을 것이다. 비록 오래 살지는 못했어도 어쩌면 이렇게 짧은 생애 동안 열심히 살고 이런 아름다움을 뿌리고 갔을까?

그의 몸은 변변한 무덤 하나 없이 이름 없는 공동묘지에 아무렇게나 버려졌으나 그는 잠들었어도 외롭지 않을 것이다. 일흔이 다 되어 가시는 우리 어머니께서 지금도 그토록 좋아하시니 말이다.

주님도 때로는

혼과 혼이 이어져 함께 느낄 수 있는 음악. 한 사람 한 사람의 속마음을 움직여 겸허하게 깨닫게 하는 음악. 오랜 세월이 흘렀어도 그 시대의 흐름이나 유행과 상관없이 사람의 속마음을 열고 샘처럼 스며드는 음악을 남긴 모차르트.

모차르트의 음악을 들으면 추억 속의 사람이 생각난다. 모차르트의 음악을 들으면 언제까지 주어질지 모를 나의 삶을 착하게 살고 싶다.

주님도
때로는

오늘은 새벽 제단에 앉아 찬송가를 부르다 하염없이 눈물이 흘렀다. 가사를 하나하나 음미하며 노래를 부른다면 찬송가처럼 은혜로운 노래가 있을까. 이 세상의 수많은 노래 가운데 가장 아름다운 노래는 찬송가이다.

영혼을 적시는 은혜의 단비. '내 주여 뜻대로', 찬송가 431장을 불렀다.

내 주여 뜻대로 행하시옵소서
온몸과 영혼을 다 주께 드리니
이 세상 고락간 주 인도하시고

날 주관하셔서 뜻대로 하소서

1절이 끝나고 2절을 부를 때였다.

내 주여 뜻대로 행하시옵소서
큰 근심 중에도 낙심케 마소서
주님도 때로는 울기도 하셨네
날 주관하셔서 뜻대로 하소서

바로 2절의 가사 중에서 내 마음이 물결치던 곳.
주님도 때로는 울기도 하셨네.

이 구절을 노래하는데 나도 모르게 두 볼에 눈물이 줄
줄 흘러내렸다. 아니, 주님이 우셨다니…. 그것도 어쩌다
한 번이 아니고 때로는 울기도 하셨다니. 이 구절이 오늘
따라 그렇게 위로가 될 줄이야.

찬송가를 그렇게 오랫동안 불렀었지만 나는 그 사실,
주님이 우셨다는 사실을 지금처럼 깊이 깨닫지 못했었다.

길이요 진리, 생명이신 주님. 주님처럼 흠이 없으신 분
이 이 세상에 또 어디에 계실까. 하나님의 본체이시면서
사람의 형상으로 가장 누추한 곳에서 태어나셨던 주님.
지구 위에 단 한 사람, 가장 완전한 주님이시면서 몸소 비
천한 자리에 오셔서 십자가에 못 박혀 돌아가시는 순간까
지 온전히 자신을 다 비우셨던 분. 약해 보이나 가장 강하

우리둘이는

신 분. 40일 동안을 금식하신 후 성령에 이끌리어 마귀의 시험을 세 번이나 거뜬히 물리치신 주님. 강함의 극치이셨던 그분이건만, 바로 그 주님도 우셨다는 사실에 목이 메었다.

배신하고, 주님이 붙잡혀가시는 순간까지 육신을 이기지 못해 잠이 든 제자들의 약한 믿음을 안타까워하시며, 홀로 땀방울이 핏방울이 되도록 아버지께 부르짖으셨던 주님.

나약할 대로 나약해서 아직도 눈물 많은 나만이 아니라, 주님도 마음 아파 우실 때도 있었다는 사실이 얼마나 큰 위로가 되었는지 모른다.

사람은 늘 깨어지기 쉽다. 자신의 약함을 알게 될 때 아버지께 무릎 꿇을 수밖에 없는 것이다.

주님도 때로는

용서의
지름길

용서의 지름길은 기도뿐이다. 아무리 용서를 하고 싶어도 상대방을 용서하지 못할 때, 홀로 주님 앞에 기도드리다 보면 자신도 알지 못하는 순간, 상대방의 이름을 부르게 된다.

그 사람을 위해 간절히 기도드리다 보면 어느새, 그 사람에 대한 섭섭함, 노여움은 사라져 버리고 뜨거운 눈물의 전류가 흐른다.

용서란 무엇인가. 나에게 아픔을 주고, 노엽게 했던 상대방을 용서하는 것인가. 용서란 바로 자기 자신을 용서하는 것이다. 상대방의 허물과 약함을 받아들이지 못했던, 상대방보다 오히려 더욱 허물많고 더욱 약했던 자기 자신을 비로소 용서하는 것이다.

주님도 때로는

정금 같은
믿음

성경은 옛날에 있었던 일을 기록한 책일 뿐만 아니라 앞으로 다가올 일들을 예언하고 있는 책이며 지금도 살아있고 영원히 살아있는 책이다.

요즘은 성경을 읽다 보면 항상 새벽이 되곤 한다. 밤을 새우고 싶어서 졸림을 참는 것이 아니라, 읽다 보면 나도 모르게 깊이 빠져 매일 밤을 새우게 된다. 문득 시계를 보면 3시, 4시가 넘곤 한다. 눈도, 머릿속도 초롱초롱하고 아침까지 계속 읽고 싶지만 다음 날을 위해 할 수 없이 눈을 붙이게 된다. 하루가 스물네 시간밖에 안 되는 게 무척 안타깝다. 잠은 안 자도 좋으니 지쳐 쓰러질 때까지 성경을 더욱 읽고 싶다.

성경을 읽으며 요즈음 이런 생각을 했다. 대학 시절 그 좋은 아름다운 시절에 어쩌다 내게 주님에 대한 사랑이 없었는지… 믿음이 없을 때는 그것마저도 깨닫지 못했으나 이제 생각해 보니 참으로 안타까운 일이다.

그 무렵 나는 사직동에 살았다. 그렇게 즐겨 걷던 신문로 골목을 빠져나가면 새문안교회도 있고 서대문 방향으로 조금만 걸으면 정동교회도 있고 그밖에도 많은 교회가 있는데 왜 그 무렵 내가 교회로 발걸음하지 못했었는지… 하나님 말씀을 외면하고 세상 밖으로만 걸어 다녔는지.

만약 그때 그 수많은 밤들을, 촛불 아래서 철학이며 소설, 수필과 시를 읽으며 지새우던 밤을 틈내어 성경을 열심히 읽었더라면 얼마나 좋았을까. 그랬다면 지금보다 더 많은 '말씀'을 토대로 더욱 견고한 믿음과 사랑을 지닐 수 있었을 텐데… 더욱 아름다운 주님의 신부가 될 수 있었을 텐데… 한없이 아쉽다.

그러나 나는 이제 이렇게 기도한다.

"주님, 저의 젊은 날 그 대학 시절은 다 가버렸습니다. 그때 미리 채우지 못한 이 텅 빈 가슴에 주님의 사랑을 더욱더 채워 주옵소서. 10여 년의 믿음의 공백이 있었으나 이제는 그 가버린 10년의 공백을 정금 같은 믿음으로 채울 수 있는 뜨거운 사랑을 허락하여 주시옵소서."

주님도 때로는

주님 뵐
그 날

　어린 시절, 초등학교 운동회 때였다. 다른 경기는 비교적 순조롭게 다 잘 해냈는데 운동장을 몇 바퀴던가 달리기에서 그만 도중에 넘어진 기억이 난다.

　무릎이며 팔꿈치가 쓰라리고 피가 흘렀으나 부끄러움도 잊은 채 그 자리에서 일어나 그냥 뛰었던 기억이 난다.

　아마 꼴찌를 거의 면치 못했으리라. 지금도 잊히지 않는 것은 내 앞에서 뛰는 사람이 누구였던가, 내 뒤에서 뛰어오는 사람이 누구였던가를 모른다. 오직, 나는 쓰러졌으나 다시 일어나 뛰었을 뿐, 끝까지 포기하지 않고 마지막 지점까지 뛰었을 뿐이다. 몇 등이었던가는 관심조차도

우리둘이는

없었다.

삶은 달리기이다. 단거리가 아닌 마라톤이다. 신앙도 마라톤이다. 나의 주님을 향한 신앙생활도 달리다가 도중에 고꾸라지고 으깨지고 부러지며, 찢어지는 날이 많다.

그러나 나는 어린 시절 운동회 때의 달리기에서처럼 쓰러진 그 자리에서 일어나 마지막 지점까지, 끝까지 달릴 것이다. 역시 몇 등으로 골인한 것인가는 관심조차도 없다.

내겐 꼴찌라 한들 아무 문제가 없다. 주님 뵐 그 날, 난 아마 먼발치에 서서 눈물 흘리며 감히 주님을 바라보지도 못할 것이다. 그래도 주님은 나를 향해 그 어진 눈길을 부어 주시리.

주님도 때로는

거리

새벽 2시 40분.

잠을 이룰 수 없어 벌떡 일어나 앉았다. 문득 머리를 스치고 지나가는 생각. 콜롬비아 아르메로 시의 참사 사진이 머릿속을 스쳐 간다. 진흙의 늪 속으로 숨겨 가던 소녀… 작은 백합화. 주님이 가버린 백합의 영혼을 받아 주셨을 줄 믿는다.

어둠 속에 일어나 볼펜을 더듬어 찾았다. 불도 켜지 않은 채 더듬더듬 방을 나와 노트, 그리고 책장 속에서 두 권의 책을 집어 들었다. 읽다 만 《해설 신약 총론》과 또 한 권의 책 《…여울 속에서》. 벌써 몇 번째 되풀이해 읽는

우리둘이는

책인가.

그의 글은 그의 모습과 같다. 마치 글이 그의 분신이 듯… 간결한 문체, 명료한 표현, 그리고 내용의 깊이에 이르기까지 어쩌면 사람을 그대로 닮았는지.

오늘 본 새벽달의 모습은 '달무리'이다. 어른어른한 무리, 그 빛의 둘레가 갑자기 십자가의 빛과 형상으로 다가온다. 추운 것도 잊고 창문을 활짝 열었다. 유리창 사이로 바라보는 달의 모습과 빛, 달이 구름 속을 흘러가는 자국은 먼 듯 가까운 듯하다.

새벽의 싸한 바람이 머릿속을 헹구어 준다. 달무리는 저만큼 혼자이다. 얼마쯤의 거리를 두고 달무리에서 비스듬히 조금 높은 곳에 새벽 별이 내려다보고 있다.

하늘이 어두울수록 더욱 빛나는 저 별! 새벽달과 새벽별의 거리는 스스로 감당해 내야 할 '거리'이다. 서로, 둘이서, 묵묵히 지켜보아야 하는 '거리'일 뿐.

주님도 때로는

뜻을 다하고,
정성을 다 기울여도

주여!

아직 건강할 때 주의 사랑을 전할 수 있는 글을 쓸 수 있게 해주소서. 병들어서 때가 얼마 남지 않았다고 느낄 때 후회의 마음으로 서두르지 않게 해주소서. 아직, 건강과 젊음을 주셨을 때 저의 모든 건강과 젊음을 주님께 헌신할 수 있는 귀한 시간으로 쓸 수 있게 허락하소서.

저는 한 줌의 흙이오나 사람의 모습으로 빚어 주셨습니다. 빚어 주신 형상대로 사람의 값을 행할 수 있게 하소서.

너무 늦었다고 한탄에 빠지지 말게 하소서. 내일부터가 아닌 지금부터이게 하소서. 깨달음과 동시에 시작이게 하소서.

실망의 눈물을 흘리되 자책으로만 머물지 않게 하소서. 부족한 자신을 되돌아보되 한 걸음 앞으로 나갈 수 있는 용기를 지닐 수 있게 하소서.

자만에 빠지지 않게 도와주소서. 언제나 최선을 다해 살아가더라도 조금씩 모자라는 부분이 있음을 알게 하소서. 그 모자라는 부분은 사람의 노력으로만 채울 수 없는 것임을 깨닫게 하소서. 모자라는 자리는 주님 외에는 아무도 채울 수 없는 것임을 생각하게 하소서.

뜻을 다하고, 정성을 다 기울여도 어찌 주님의 사랑을 다 헤아릴 수 있으리.

1986년 1월 19일

주님도 때로는

인간의
계절에

　겁도 없이 불어대는 바람! 어쩌자는 것인가.

　두꺼운 머플러로 머리를 감싸고 스웨터며 외투로 배추 폭처럼 온몸을 감싸도 숭숭 가슴이 시려오는 이 매운 바람은 과연 어디에서 누가 몰고 오는가. 홀로 한쪽 가슴에 잠재운 겨울 바다에 치받쳐 빙하처럼 얼어버릴 것 같다. 산다는 것은 자기 자신과의 처절한 부대낌이다. 백지 위에 마음을 다해 자신의 이름 석 자를 누르며 뜬눈으로 하얗게 밤을 지새워도 날이 밝으면 한 조각 휴지처럼 아무 쓸모 없이 버려야 하는 고독의 각인(刻印)을 배워야 한다.

　갖고 싶은 것을 모두 다 가질 수 있을 때의 넉넉함도

우리둘이는

중요하지만 스스로 갈망의 닻줄을 놓아 버리고 허망함을 깨닫는 시간은 얼마나 더 소중한 일인가.

애써 흔적도 없이 사라져야 하는 그 시간은 잃어버린 시간이 아니라 바로 자신의 생애를 움직이게 하는 소중한 시간이다.

희끗희끗 눈발이 흩어지던 날, 서슬이 시퍼런 파초 잎사귀를 기억한다. 전지(剪枝) 작업에 몰두한 낯선 사람이 낫자루를 휘감은 손에 힘을 줄 때마다 차마 소리조차 지르지 못하고 떨어지던 파초 잎사귀. 그때의 모습은 뚝뚝 물이 치솟을 것 같은 싱그러운 초록빛이었다. 다른 나무들처럼 낙엽을 떨구며 추한 모습을 가릴 줄도 모르면서 붙잡아 줄 새끼줄이나 기댈 수 있는 버팀목 하나 없이 초연하던 모습! 하늘로 치솟을 듯 푸른빛을 띠며 싱그럽던 그 모습이 내려치는 낫에 맞아 휘적휘적 죽어야 하는 이유는 무엇일까?

나는 숨을 죽이고 지켜보고 있었다. 그리고 소름 끼치듯 온몸을 떨며 느꼈다. 더욱 푸르르기 위해서는, 더욱 싱그럽기 위해서는 스러져야 한다. 그리고 제 스스로 엉겅퀴 같은 자신의 속살을 헤집고 다시 일어서야 한다. 살얼음판을 딛듯 조심스레 걸어온 자국마다 나는 그동안 작은 부스러기에도 얼마나 연연해 왔던가.

주여, 새살이 돋게 하소서.

생채기 여문 그 자리에 연한 새살이.

주님도 때로는

나를 전율케 하던 파초의 모습은 하나의 구원처럼 덥석 내 손을 잡았다. 너무 추워서 발소리가 더욱더 기다려지고 다독거려 줄 낮은 목소리가 그리운 계절. 그러나 차고 매운 이 바람은 홀로, 온몸으로, 온 마음으로 견디어야하는 바람이다.

차가운 기류에 떠밀려서 삶의 비늘 떨어지듯 조금씩 철이 드는 인가의 계절에 나를 지탱하며 길들여 온 버팀목을 치우고 이제 다시 걸음마를 배우고 싶다.

가슴에 간직한 소중한 불씨 하나! 꺼뜨리지 않기 위해 깊이깊이 품어 안으며 살이 얼어 버릴 것 같은 바람 속을 가로질러 가리라.

퍼올려도 퍼올려도 마르지 않을 샘처럼 생수(生水)가 흐르는 사람은 없는가. 그런 사람과 마주 앉아 은은한 향내가 스미는 한 잔의 차를 마시고 싶다. 애써, 많은 말이 필요 없겠지. 그런 사람과라면…. 어색한 침묵조차도 말없이 젓는 찻잔 속에 녹아 흐를 테니까.

믿음이
강한 나라

학교 벤치에 앉아 감자튀김을 먹고 있었다. 점심시간이라 식당 근처에 몇 겹으로 줄을 선 사람들 틈에서 벗어나 나무숲에서 바람을 마시며 간단히 먹는 것이 더 좋았다.

다람쥐와 새들이 날아와 겁도 없이 감자튀김 옆에서 맴을 돈다. 아예 다람쥐는 말똥말똥 눈망울을 굴리며 두 손을 내밀고 빠안히 나를 내려다본다. 그 모습을 보며 어떻게 내 입으로 다 들어갈 수 있으랴.

천진스런 모습에 그만 웃음이 터져 펼친 채로 함께 먹고 있는데 '하이' 하며 누군가 나를 불렀다. 알지 못하는 미국 남학생이 인사를 했다. 그의 곁에는 중국 여학생이

주님도 때로는

서 있었다.

"너는 왜 그렇게 행복해 보이니?"

나는 아무 말 없이 웃었다. 그는 다가와 똑같은 질문을 했다.

"아까부터 보고 있었어. 너는 왜 그렇게 행복해 보이니?"

"예수님 때문에!"

내가 대답했다.

"뭐라고?"

이번엔 중국 여학생이 물었다.

"예수님 때문에. 내 맘속에 항상 예수님이 계시니까."

"예수님이 너를 행복하게 해주니?"

"그래, 내가 어디를 가든지 무엇을 하든지 예수님은 나를 지켜 주셔. 그러니까 행복하지."

행복이란 말, 나도 모르게 오랜만에 표현한 말이다. 예전에는 사는 것이 그저 덤덤하고 씁쓸하더니 이젠 다른 이의 눈에 내가 행복해 보이게끔 나도 모르게 변화되었구나.

두 사람은 서로 눈으로 무언가 주고받더니 남학생이 종이 한 장을 펼쳐 내게 들어 보였다.

"너 어느 나라 사람이니?"

"나는 한국 사람이야."

서울, 코리아에 힘을 주어 말했다. 더 이상 내가 아무 말도 하지 않자 그들은 갑자기 '김치!' 하고 소리쳤다. 나는 다시 웃음이 터졌다.

우리둘이는

"나, 김치 먹어 봤어, 불고기는 아주 좋아하지."

두 사람은 입맛까지 다셔 가며 먹는 시늉을 한 후 언덕 아래로 사라졌다.

반갑기는 했지만 어딘가 허전했다. 코리아를 김치와 불고기로밖에 알지 못하는 두 사람. 밖에 나와서 생각해 보는 나의 나라, 한국. 누군가 불쑥 한국은 무엇으로 유명하냐고 묻는다면 나는 무엇이라 대답할 수 있을까. 88올림픽? 쉽고도 어려운 질문이다.

믿음이 강한 나라. 그렇게 자신 있게 대답할 수 있어야겠다. 여기저기 교회가 많이 들어서고 교인 수가 몇십만이라는 그런 겉모습이 아니라 진정으로 나라를 위해 기도하는 사람들이 있는 '믿음의 나라'로 인식된다면 얼마나 좋을까.

나는 두리번두리번 그들이 내려간 언덕을 바라보며 두 사람을 찾았다. 이미 두 사람의 모습은 보이지 않았다.

다시 만나면 이렇게 말하리라. 한국은 '믿음의 나라'라고.

주님도 때로는

생명의
신비

식물인간인 엄마의 뱃속에서 7주 반 동안 견디어 온 아기가 산타 클라라의 한 병원에서 태어났다.

제왕절개 수술이었다. 미셸이란 예쁜 이름의 이 아기는 엄마의 뱃속에서부터 법정 투쟁의 소용돌이를 겪었다.

미셸의 엄마는 이미 7주 반 전에 쓰러진 뒤 법정에서 사망 진단을 받은 여자였다. 이 여자의 부모는 식물인간인 딸의 생명 보조 장치를 제거해 버리려고 법정 투쟁을 계속했으나 아기의 아빠는 양육권을 내세워 아기가 태어날 때까지 생명 보조 장치를 뗄 수 없도록 허가를 받았다.

아기 엄마가 쓰러졌을 때가 임신 24주였다. 이미 뇌 사망으로 식물인간이 된 엄마의 슬픔이나 고통도 모르고 엄마의 뱃속에서 7주 반을 참아 온 아기는 건강한 모습이다.

아기를 안아 보거나 쓰다듬어 보지도 못하고 희생의 제물이 되어 버린 비참한 모성. 흑인 아빠는 가냘픈 새와 같은 어린 딸의 발목과 머리를 두 손으로 받쳐 품에 안고 눈물도 잊은 채 아기의 이마를 바라보고 있다.

이토록 고귀한 생명, 성스럽다. 태어남과 스러짐, 삶의 갈림길은 이 작은 인간의 가슴으론 다 헤아리기 어렵다. 생명의 신비 앞에선 겸허하게 가슴을 여밀 수밖에 없다.

생명은 신의 절대 권한이다. 은혜로운 신의 손길이 머물지 않았던들 한 생명이 움틀 수 있을까. 엄마의 길고 깊은 잠의 뜻을 아기는 모른다.

죽음의 계곡을 파헤치고 솟아오른 작은 새. 한 생명 속에서 소멸과 부활의 날개 치는 소리를 듣는다.

주님도 때로는

늘 푸른
채소처럼

 배추나 열무 등을 다듬거나 김치를 먹을 때면 가끔 떠오르는 사람이 있다.

 아파트의 벽이 높다고 하지만 그 사람은 높은 아파트의 벽을 허물어 마음으로 가까이 다가선 사람이다. 이웃의 소중함을 내게 심어 준 사람이다. 같은 아파트, 옆집에 살다가 오래전 이 층으로 이사를 해버린 성준 엄마, 해마다 김장 때가 되면 정성껏 담근 김치를 잘 익혔다가 어린 세 딸과 아들의 손에 들려 이웃의 김치맛을 보게 해주는 고마운 사람.

 우리 집 김치가 동이 나거나, 햇김치를 담가야지 생각

하고 있을 때면 어느새 귀여운 손님들이 함박웃음을 지으며 벨을 누르곤 하였다. 계절이 바뀔 때마다 예쁜 그릇에 알맞게 익은 김치를 담아 현관에 나란히 줄을 선 채

"안녕하세요?"

티 없이 밝고 맑은 아이들의 모습과 웃음소리를 들을 때면 나도 덩달아 천진한 세계로 동화되곤 했다.

배추김치, 총각김치, 깍두기, 열무김치, 나박김치, 갓 김치… 등으로 골고루 정성껏 싸서 들고 아이들은 봄에도 가을에도 추운 겨울에도, 팔이 아픈 것도 잊은 채 나를 에워싸며 김치 보퉁이를 내밀었다.

"이것, 엄마가 맛 좀 보시래요."

김치 보퉁이를 받아 안으며 나는 늘 목이 메었다.

"그래. 잘 먹을게. 정말 고맙다. 느이들 무거운데 무척 애썼구나."

나는 그 좋은 이웃들을 위해 별로 잘한 것이 없건만 세월이 흘러가도 그들의 인정은 변함이 없다.

어느새 우리 집 식성까지 다 알아차리고 슴슴하고 맵지 않은 김치는 나를 위해서, 매콤하고 짭짤한 김치는 남편을 위해서 따로따로 양념을 넣어 담근 맛깔스러운 김치를 보내 준다.

"한두 번도 아니고 번번이 이렇게 보내주시는 김치를 받아먹기만 해서 어떡하지요? 죄송합니다."

"아휴, 아무 부담 느끼지 마세요. 우리 집 김치 담그면

주님도 때로는

서 조금만 더 담그면 되니까요. 내가 그냥 좋아서 하는 일
인데요, 뭘."

"이 고마움을 다 어떻게 갚아야 할지 모르겠어요."

"난 집에 있는 사람이구, 또 내가 이렇게 만들어 보낸
김치를 누가 맛있게 먹었다는 소리를 들으면 그렇게 기쁠
수가 없어요. 환이 엄마는 항상 바쁘게 생활하는 분이잖
아요. 매일 방송국으로 출근하려면 얼마나 바쁘겠어요."

"그래도 저희 집 김치까지 신경을 쓰시고 담그시려면
얼마나 번거로우시겠어요."

"번거롭긴요. 즐거운 마음으로 하고 있어요. 친정 어머
님도 멀리 계시니 환이 엄마가 적적하시겠어요. 그러니
앞으론 내가 김치를 보낼 때엔 친정 식구들이 보내는구나
생각하구 아무 부담 같은 것 갖지 마세요."

아닌 게 아니라 성준 엄마를 생각할 때면 같은 아파트
에 살고있는 이웃의 한 사람이라기보다 친정 식구 같은
느낌이 든다. 푸근한 인심뿐만이 아니라 소박한 생활 태
도가 마음에 든다.

아이들도 모두 구김살 하나 없이 건강하다. 엘리베이
터 안에서나, 주차장에서 우연히 아이들을 마주쳤다가 돌
아올 때면 나의 남편은 항상 싱글빙글이다.

"성준이네 아이들을 만나면 나도 모르게 마음이 개운해."

내가 아무리 성준이네 가족에게 고마움을 느끼고 성의
를 다한다 한들 그들이 나의 가족에게 안겨 준 정성에는

우리둘이는

절반도 미치지 못할 것이다.

"언젠가 내가 몹시 아파 누워 있을 때 환이 엄마가 찾아오신 적이 있었어요. 사람이 몸이 아플 땐 얼마나 마음이 쓸쓸해지는지 몰라요. 그때 환이 엄마가 찾아오셔서 따뜻하게 위로를 해주신 일이 얼마나 큰 위로가 됐었는지 몰라요. 그때의 고마움이 늘 잊히지 않아요."

김치 그릇을 돌려드릴 겸 성준이네를 찾아가면 항상 그 얘기를 하며 고마워하는 성준 엄마.

이웃이 몸이 아플 때 찾아가서 위로를 하는 일은 당연한 도리이다.

나는 지극히 작은 일을 했을 뿐이건만 그 일을 잊지 못해 세월이 흐르도록 간직하고 살아가는 성준 엄마의 마음은 늘 나를 부끄럽게 한다.

사랑이 넉넉한 사람은 이런 사람일 것이다. 누구나 할 수 있는 하찮은 일을 오래도록 마음속에 고마움으로 지닌 채 상대방에게 무언가를 더 나누어 주고 싶어 하는 사람, 그런 사람들이 사는 한 세상은 아름답다.

아직도 세상은 살아갈 만하다.

부추를 다듬으며, 오이를 썰며, 열무를 버무리며, 늘 푸른 채소 같은 성준 엄마의 싱그러운 마음을 생각한다.

주님도 때로는

우연히 마주친
어느 분께

좋은 그림을 보면 왜 꼭 생각나는 걸까요?

달과 별… 노을이 질 때. 귀한 순간을 보고 듣고 느낄 때 떠오르는 사람. 바다를 바라볼 때면 물새처럼 제 마음 속을 날아다니는 분.

순수하게 마주쳤었고, 또 순수의 순간에 떠오르는 모습을 무어라고 불러야 할까요.

단 한 번의 약속도 없었는데 우리는 가끔 마주쳤었지요. 어느 복도에서, 거리의 신호등 앞에서, 바람 불던 광장에서, 비 오는 버스 정류장에서, 돌계단을 오르내리면서, 택시를 기다리면서, 둑길에서, 그리고 골목 한 모퉁이

우리둘이는

에서. 아주 우연히 잠깐 마주쳤을 뿐, 그냥 바라볼 뿐, 그리고 돌아서 갈 뿐. 서로 이야기를 나눈 적도, 둘이서 차한 잔을 마신 적도 없는 이런 만남을 무어라고 표현해야할까요.

어느 해는 1년에 단 한 번, 1초밖에 안 되는 '스쳐 지나가는' 만남도 있었습니다. 서로에 대해서 아무것도 모르고 굳이 알려고 하지도 않고 신이 주시는 섭리대로 묵묵히 오고 갈 뿐입니다.

아! 그런데 벌써 올해로 10년의 세월이 흘렀습니다. 아무것도 모른 채로. 제가 아는 것이란 이름 석 자뿐이지요. 그래도 우리는 십년지기인 셈이네요.

이 세상에 이런 만남도 있을까 생각해 봅니다. 그리고 마주칠 수 있었던 우연의 순간, 순수의 순간을 고맙게 여깁니다. 이 세상에는 서로가 아무리 노력해도 닿을 수 없는 그물이 많은데 그래도 짧디짧은 순간이나마 스쳐 지날 수 있었으니 그런 우연이 소중할 뿐이지요. 우연을 뛰어넘은 필연일까요.

1년에 한 번, 또는 서너 번쯤 그저 몇 초 동안 마주치고 서로 사라졌을지라도 그 순간순간이 그림처럼 생생하게 떠오르는 것을 보면 이 만남도 크나큰 은혜인가 봅니다.

두 사람 중 누군가 먼저 눈 감지 않는다면 어쩌면 올해도 그런 우연이 한 번쯤 또 있겠지요. 신이 허락하신다면, 아니, 어쩌면 다시 뵐 수 없다 하더라도 이미 허락하셨던

주님도 때로는

지난 세월의 은혜만으로도 감사드릴 뿐입니다.

건강하세요. 부디!

이 한마디 외에는 아무런 드릴 말씀이 없습니다.

1986년 1월 2일

새해를 시작하며, 새벽 1시 13분

인희 드림

우리둘이는

한결같은 모습을
지니신 분께

많이 놀라셨지요. 그리고 놀라셨던 그만큼 저에게 크게 실망하셨을 거예요.

말이 없는 여자, 자기를 드러내지 않는 여자, 고개를 푹 숙이고 다니는 여자로만 여기셨을 텐데 오랫동안 잊힌 듯 아무 소식 없다가 갑자기 걸려온 전화를 받으시고 무척 의외이셨을 거예요.

이야기의 내용은 기도, 은총, 하나님의 영광… 등이었으니 얼마나 저에게 놀라셨을지 상상이 갑니다. 당황하셨을 그 마음을 그대로 드러내지 않으시고 웃으시며

"화내시지 마세요, 어릴 때 예수 믿는 사람들을 보고

주님도 때로는

우리들은 예수꾼이라고 불렀어요."

하셨지요. 얼마나 제게 놀라셨으면 그런 말씀을 하셨을까요, 상상이 갑니다.

예수꾼! 그러나 저는 그 지칭이 부끄럽지 않고 부러워지니 어찌합니까. 저는 예수꾼이 되려면 아직 까마득해요. 이제 겨우 걸음마를 떼었을 뿐인걸요. 예수꾼도 제대로만 될 수 있다면 그만한 영광스러움이 또 어디 있을까요.

제 자신, 지금 이 글을 쓰고 있는 순간에도 놀랍습니다. 어떻게 제가 불쑥 전화를 드릴 수 있었고, 감히 신앙에 관한 말씀을 드릴 수 있었을까 하고요. 변화라면 큰 변화일 수 있는, 삶의 용기를 심어주시고 전화를 걸게 해주신 분은 신의 손길이었음을 고백합니다. 아마 제 의지만이었다면 저 같은 사람은 평생을 두고 그러한 용기를 지니지 못했을 거예요.

저의 목소리를 무척 아껴주셨지요. 그토록 바쁘게 근무하시면서도 두 번이나 저의 생방송 프로그램을 동시 녹음하셔서 카세트테이프를 저에게 보내 주시고, 멀리 홍콩으로 떠나셨을 때도 그곳에서 저의 생방송을 들으셨다고 말씀하셨습니다.

그리고 달려오셔서 반갑게 저를 찾아 말씀해 주셨는데, '고맙습니다'라는 인사 한마디 못한 채 저는 미소조차 짓지 못했었지요. 간절히 기다렸으면서도. '잘 다녀오셨습니까'라는 흔한 말씀 한마디도 전해 드리지 못하고 고개만 숙인 채 그대로 섭섭하게 보내드린 저의 답답함을 용서해 주세요.

벌써 여섯 해가 지났어도 죄송한 마음이 지워지지 않는 것을 보면 저의 잘못이 그만큼 컸습니다. 아무 말 없는 뒤에 깃든 못난 저를 나무라지 않으시고 긴 세월을 묵묵히 지켜보아 주시는 그 깊은 우정 앞에 오늘도 고개 숙입니다.

오랫동안 마이크와 인연을 맺을 수 있었던 그 세월은 주님이 저에게 주신 축복이었습니다. 방송을 할 수 있었고 노래를 부를 수 있었던 귀한 시간은 제가 목소리가 좋았기 때문이 아닙니다. 좋은 목소리를 지녔기 때문에 주어진 자격이 아니라 아무것도 지닌 것이 없음에도 지극히 작은 저에게 주신 주님의 사랑, 선물이었음을 절감합니다.

왜 주님은 저에게 목소리를 통한 선물을 주셨을까요. 그것은 저 하나만을 위한 일을 하라고 주신 것은 아닐 거예요. 제가 받은 크고 높은 사랑을 목소리를 통해 다른 사람에게도 나누어 줄 수 있고 주님께로 모든 영광을 돌릴 수 있게 하기 위한 작은 도구일 뿐이지요.

주님의 사랑을 깨달은 후부터 저는 꼭 이루고 싶은 한 가지 작업이 있었습니다. 이 일을 해야겠다고 생각한 것은 지난 1979년부터이고 오랜 계획 끝에 이미 1984년 12

주님도 때로는

월에 녹음을 끝냈습니다. 레코드 재킷 사진과 카세트테이프의 모든 인쇄까지 다 마쳤습니다. 그해 크리스마스를 며칠 앞두고 출반하려던 계획이었습니다.

그러나 녹음된 상태를 세세하게 들어보니 아직도 저는 까마득히 멀었다는 스스로의 결론이 가슴을 치더군요. 주님의 사랑을 전하기엔 너무도 부족한 저였습니다.

이것은 작품이기보다 기도의 마음을 담은 성시(聖詩) 낭송집입니다. 일부러 시를 쓰겠다 해서 쓴 시가 아니라 깊은 밤, 또는 어느 새벽녘 홀로 무릎을 꿇고 주님께 기도 드리다가 저도 모르게 제 가슴 안에서 흘러나온 기도들입니다. 〈어린 아들을 위한 기도〉〈가을에 드리는 기도〉〈친구를 위한 기도〉 그리고 저에게 목소리를 주신 은총을 깨닫게 된 〈마음을 토하게 하소서〉(목소리를 위한 기도)… 등입니다.

이미 모든 것이 완료된 상태였으나 2년 동안을 그대로 창고 속에 묵혀둔 채 1984년 12월 21일 저는 미국으로 떠났습니다. 1985년 1월 1일부터 저의 방송을 듣지 못하셨지요.

비행기를 타기 바로 전까지 녹음했고 잘 마무리를 지어 보려 노력했으나 사람의 의욕만으로는 채울 수 없는 인간의 한계를 받아들이지 않을 수 없었습니다.

그 겨울, 저는 탈진 상태였습니다. 하루에 한두 시간가량도 거의 잠을 이루지 못한 상태였어요. 영원히 깨지 않

우리둘이는

을 잠이 그리웠던 때였으니까요.

사람이 하는 일에 '완전'이라는 것이 있을 수 없겠으나 할 수 있는 한 자신의 전부를 바쳐야 한다는 것이 제 소신입니다. 그래서 일을 할 때마다 늘 자신과 씨름을 벌이곤 하지요. 자신에 대해서는 조금도 너그러워질 수가 없습니다. 몰아붙일 수 있는 한은 끝까지 채찍질해야 해요.

항상 이 정도면 됐다는 안일의 벽을 부수고 그 덫에서 헤쳐 나오고 싶어요. '이 정도면 됐다'로서는 안되며 '찾고자 하던 것이 바로 이거다'가 아니면 감히 나설 수가 없어요. 허물고 부수는 시간이 아깝지 않아요. 절대로. 여러 개가 아니라 '일생의 단 하나'라도 '아! 바로 이것이다'라는 확신이 들어야 안심이 돼요.

떠나 있으면서 그리고 돌아와서 많은 생각을 하게 되었습니다. 의욕과 노력 그리고 간절히 기도했으나 제가 지닌 것은 항상 너무나 초라한 부스러기일 뿐, 주님이 이끌어 주시지 않으면 빛을 볼 수 없다는 것을 느꼈습니다.

어제 용기를 내어 안양 스튜디오엘 다녀왔습니다. 1월 3일입니다. 새해에 새로운 마음으로 다시 시작해 보았습니다. 펑펑 흰 눈이 내리고 길은 꽝꽝 얼어붙어 녹음실로 달려가는 차 안에서 몇 번을 포기할까 망설였습니다. 얼어붙은 길 한복판에서 시동이 꺼지고 제멋대로 빙빙 돌며 미끄러지는 차 안에서 얼마나 기도했는지 모릅니다.

주님도 때로는

"저를 내버려 두시면 아마 올해도 이 성시 낭송집은 그대로 묻혀 있을 수밖에 없습니다. 저에게 용기를 주시고 스스로의 한계점을 극복할 수 있도록 도와주세요."

생각했던 것보다 녹음 과정이 순조로웠습니다. 2년 전 비애감에 사로잡혀 가라앉은 상태로 녹음했을 때보다 훨씬 마음이 안정됐습니다. 하나하나 녹음할 때마다 기도했습니다. 멀지 않아 곧 출반되겠지요. 이 성시 낭송집만은 꼭 보내드리고 싶어집니다.

지금까지 저의 노래가 담긴 레코드며 테이프가 꽤 여러 장 있습니다만 한 장도 드리지 못했었지요. 그런 것은 듣지 않으셔도 괜찮아요. 그러나 이번에 이 '기도 시'들만은 꼭 들어주세요. 그동안 저의 목소리를 그토록 아껴주셨던 고마움을 조금이나마 보답하고 싶은 저의 마음도 이 속에 깃들어 있으니까요.

아직도 흠이 많고 다시 들어본다면 숨어 버리고 싶을 만큼 부끄러워 다시 창고 속에 묻어 두고 싶은 마음이 들겠지만 제가 할 수 있는 한 최선을 다했으므로 그 마음 하나만으로 들려 드리고 싶어요.

새해 연휴를 어떻게 보내고 계신지요. 가족들과 함께 오붓하게 지내시겠지요. 연휴 중에도 어쩌면 출근하셨을지도 모르겠군요. 항상 맡으신 일을 충실하게 감당해 내시는 분이라 놀랍고 든든합니다. 제가 보아 온 주변의 수많은 사람 중에서 그만큼 성실하게 살아가시는 분도 드물

거라는 생각을 늘 하고 있습니다. 한결같은 마음, 한결같은 모습으로 세상을 살아가시는 분이 계시므로 생각만으로도 저에겐 모든 것에 큰 힘이 되고 있습니다.

어제는 녹음이 끝난 후, 집에 돌아오지 못하고 안양에서 하루 머물렀습니다. 눈은 계속 퍼붓고 얼어붙은 길을 무사히 돌아올 확률이 거의 없어 자동차는 녹음실 마당에 재워 두고, 오랜만에 흰 겨울 벌판을 오래오래 바라보았습니다. 눈 쌓인 가지, 흰 벌판, 의연한 산등성이를 바라볼 때마다 아름다운 신의 축복으로 느끼게 되더군요. 마음과 마음이 닿을 수 있다면 시간과 공간을 초월할 수 있다는 생각을 합니다.

지금은 돌아와 저의 방 작은 항아리에 꽂힌 안개꽃, 노란 프리지어 한 묶음을 바라보며 이 글을 씁니다. 노란색은 제가 좋아하는 색은 아니지만 은은한 프리지아의 향기가 좋아 그냥 바라봅니다. 흰 안개꽃은 눈 쌓인 유리창 밖의 풍경과 어울리는군요. 녹지 않은 흰 눈을 방안에 들여놓은 기분이에요. 안개꽃을 보면 흰 눈송이를 보는 듯 마음이 맑아집니다.

덜컹덜컹 성에 낀 유리창이 매운 바람에 흔들립니다. 잠시 일어서서 몇 겹으로 끼인 성에를 통해 유리창 밖, 수은등의 불빛을 바라봅니다. 저 골목길, 차 한 대가 머물다 떠나갔던 곳⋯ 저의 방 창가에서 수직으로 내려다보이는 '바로 그 자리'에 오늘도 수은등 하나가 저를 마주 보

주님도 때로는

고 서 있습니다. 두꺼운 성에 속으로 바라보이는 수은등
엔 엉겅퀴 가시관이 몇 겹으로 둘러져 있습니다. 그러나
처참하지만은 않은 저 엉겅퀴 가시관… 엉겅퀴 가시로 겹
겹이 감싸여 있어도 그 속에 깃든 영롱한 빛을 볼 수 있기
때문이지요.

내일은 영하 18℃가 되리라고 뉴스에서 예보합니다.
두꺼운 외투를 잘 입지 않으시는 분이라 매운 날씨가 은
근히 걱정이 됩니다. 감기 드시지 않게 조심하세요. 특히
마음의 감기가 들지 않으시도록….

주님께서 지켜주실 거예요. 기도 잊지 않고 살아갑니다.
새벽 3시가 가까워 오는데도 머릿속은 초롱초롱합니다.

눈이 내려 하아얀 새벽을 마주하고 또 옥로 한 잔 마시
고 싶어지는군요. 오늘은 저녁때부터 마시기 시작한 것이
벌써 몇 잔째인지 모릅니다. 제가 옥로를 마시는 것이 아
니라 옥로… 그 샘 속에 제가 푹 빠져 있습니다. 제 모습,
상상할 수 있으시지요.

흰 눈을 볼 수 있어서 더할 수 없이 옥로 내음이 그윽
합니다.

1986년 1월 4일 새벽 2시
인희 드림

우리둘이는

도자기를 좋아하는
어느 분께

"좋은 도자기를 가질 수 있게 해달라고 기도 좀 해주세요."

그렇게 말씀하셨지요. 도자기처럼 단아한 기품을 지니신 분. 한 점 티끌도 없어 보이는 분. 감히 눈길조차 죄스러워 이제껏 단 한 번도 제대로 바라보지도 못했습니다. 이 글을 쓰면서 제 눈을 걸친 안경조차 거추장스러워 벗어 버리고 겸허한 마음으로 앉았습니다.

제가 빚은 도자기를 구웠을 때 제 모습을 그대로 닮았다고 말씀드리자 '갸름하고 예쁜 도자기이겠네요' 하셨지요.

아니에요. 저의 참모습은 '갸름하고 예쁜 도자기'가 아

주님도 때로는

니라 전신에, 온 마음에 금이 죽죽 그어져 버린 질그릇입니다. 도공의 어진 손길로 다시 불가마에 던져질 금이 갈대로 금 간 흙덩이에 불과합니다.

귀한 그 이름 석 자 외에는 아무것도 알지 못하지만 별처럼 아득하여 저 자신은 깊고 깊은 어둠이고 싶었습니다. 주위가 어두울수록 별은 홀연히 드높고 맑게 빛납니다. 저의 삶 속에 우러를 수 있는 별이 하나 있다는 것, 아름다운 사람을 주신 것을 주님께 감사드립니다.

오랫동안 망설이다가 성경책 한 권을 골랐습니다. 성경책 한 권 드리고 싶다는 생각을 한 것도 오랫동안이고 성경을 고른 후 자그마한 제 책상 위에서 기다리고 있던 것도 오랫동안입니다. 얼핏 보내드리지 못하고 꽤 오랜 시간이 흘렀습니다.

저의 손때와 낙서와 붉은 줄투성이인 낡고 오래된 성경을 보내드릴까 생각하다가 새로 산 성경을 보내드리려 합니다. 저의 낡은 성경은 눈물과 한숨, 참회로 얼룩져 있습니다.

이렇게 부족하고 연약한 사람도 성경을 통해 구원받았는데 티 한 점 없으신 분이 아름다운 가슴으로 읽으신다면 주님은 얼마나 더욱 기뻐하실까요.

어느 날 도자기로 채울 수 없는 빈 가슴이 있으시거든 성경을 읽어 보세요. 그 빈 가슴을 말씀이 기쁨으로 채워 주실 것입니다.

창세기 첫 줄부터 읽으시기 어려우시면 '아가'부터 읽으셔도 좋으실 거예요. 성경은 언제 어디서나 어느 곳을 읽으셔도 한 글자도 버릴 곳이 없습니다. 부디 말씀 안에서 뿌리가 더욱 깊어져 아름다운 삶이 더욱 아름다워지시기를 기도드립니다. 항상 어디서나.

1985년 12월 2일

인희 드림

주님도 때로는

—————

촛불
아래서

성경을 한 장 읽으셨다구요.

그 말씀이 어찌 그리 고마운지, 눈물이 핑 돌았습니다. 주님은 저의 조그만 기도를 들어 주셨구나 생각하니 그 사랑에 울컥해집니다.

제 경험에 비추어 보더라도 성경은 쉽게 술술 읽히는 책은 아니었습니다. 큰마음 먹고 읽어야겠다 벼르며 펼쳐 보아도 누가 누구를 낳고, 누가 누구를 낳고에 이르면 꼭 책장을 덮고 하던 때가 저에게도 있었으니까요. 성경이 귀중한 책인 줄은 알면서도 제가 돌보아 주지 않아 먼지를 이고 견딜 때도 있었습니다.

어느 날, 은혜를 깨닫고 평범하고 당연하게만 여겨왔던 저의 생활이 결코 당연한 것이 아니라 주님이 주신 선물이었음을 감사드리게 되면서부터 성경은 제 손에서, 눈에서, 가슴에서 떼어 놓으려야 떼어 놓을 수 없음을 체험했습니다.

성경을 읽는 것도 읽지 않는 것도 어느 것 하나도 제 뜻대로 이루어지는 것은 아닙니다. 성령이 함께라는 생각이 듭니다. 우리의 연약함을 잘 아시는 성령의 도움을 받을 때 성경은 따분하고 이해하기 어려운 책이 아니라 생수의 봇물임을 절감하게 되더군요. 혼자만 독차지하기엔 너무 아쉬운, 살아있는 말씀이라 느꼈기에 성경을 보내드린 것입니다.

마음먹은 후에도 용기가 없어 주저주저하는 저에게 주님은 등을 밀어주신 거지요. 그토록 찾고 찾던 가로로 쓰여진 한글개역판으로….

대부분의 성경은 세로쓰기로 되어 있고 옛글과 한문이 섞여 있어 선뜻 대하기 어려운 점이 많았었지요. 원래 제가 지니고 있는 성경도 세로쓰기로 되어 있고 몰두해서 읽다가 책장을 덮고 나면 눈이 피곤해질 때도 있습니다. 보내드린 성경은 그런 여러 가지를 생각해서 어느 곳에서든지 가까이 두시고 자주 말씀을 사모하실 수 있도록 하기 위해 살핀 책입니다.

거부감을 느끼지 않으시고 선뜻 첫 장을 읽으셨다니

주님도 때로는

제 마음을 헤아리신 주님이 손을 내미셨던가 보군요. 이제는 저를 위해서도 하루에 한 번씩 기도를 드리신다니 주님이 만나게 해주신 사람이라는 확신이 듭니다.

눈물로 간구할 때가 많았어요.

저는 부족해서 제힘으로는 도저히 할 수 없지만 기도 속에서 만날 수 있게 해달라구요….

저의 기도가 요원한 메아리만은 아니었군요. 주님이 보증을 서 주신 만남이라 믿기에 이제는 우리의 만남이 고귀하게 여겨집니다. 말씀의 참뜻을 깨닫고 나시면 정말 이 부족한 사람보다 몇 배나 더 겸손히 주님을 위해 헌신하실 분이시지요. 주님이 선택하신, 주님의 기뻐하실 사람임을 제가 믿어요.

연시 감빛의 촛불 아래서 이 글을 씁니다.

작은 촛불이 녹아 흐르고, 타오르고 있는 불빛의 겸허를 바라봅니다. 너무나 소중해서 뇌지 못하고, 가슴 저 깊은 뜰에 심은 단 한마디처럼, 견고한 심지.

촛불이, 촛불로 타오를 수 있음은 견고한 심지가 박혀 있기 때문이겠지요.

1986년 3월 5일
새벽 5시 9분 인희 드림

Park Im Hee